beaks

AF587768

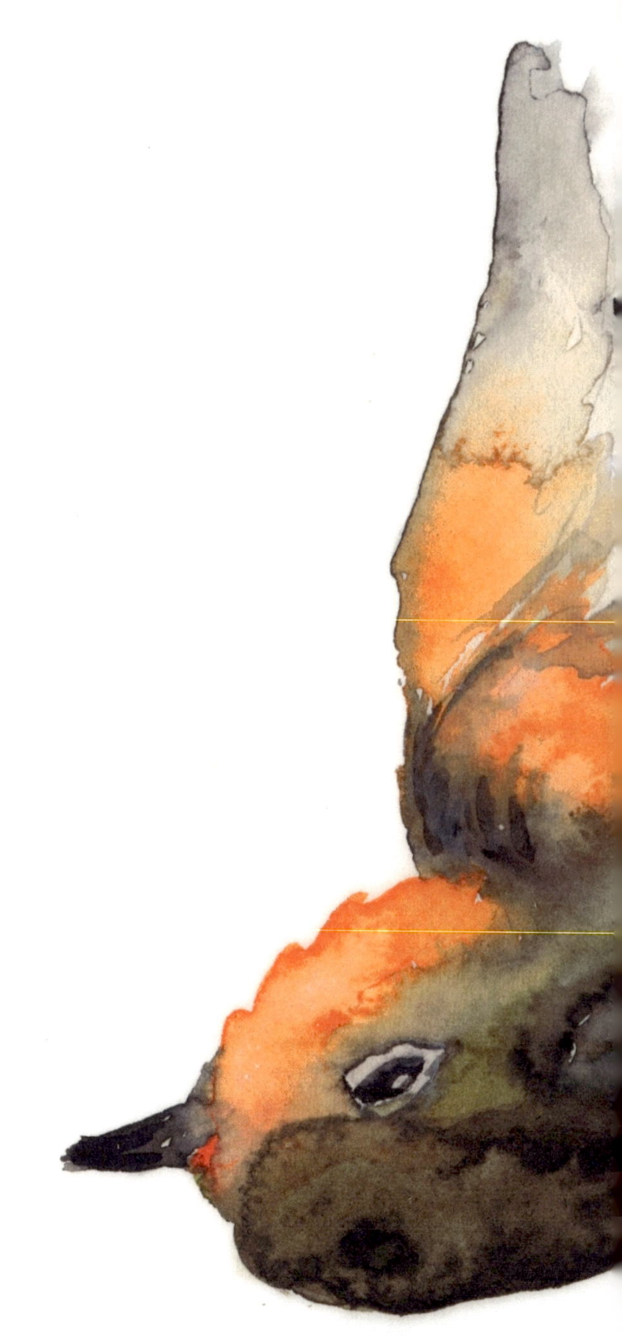

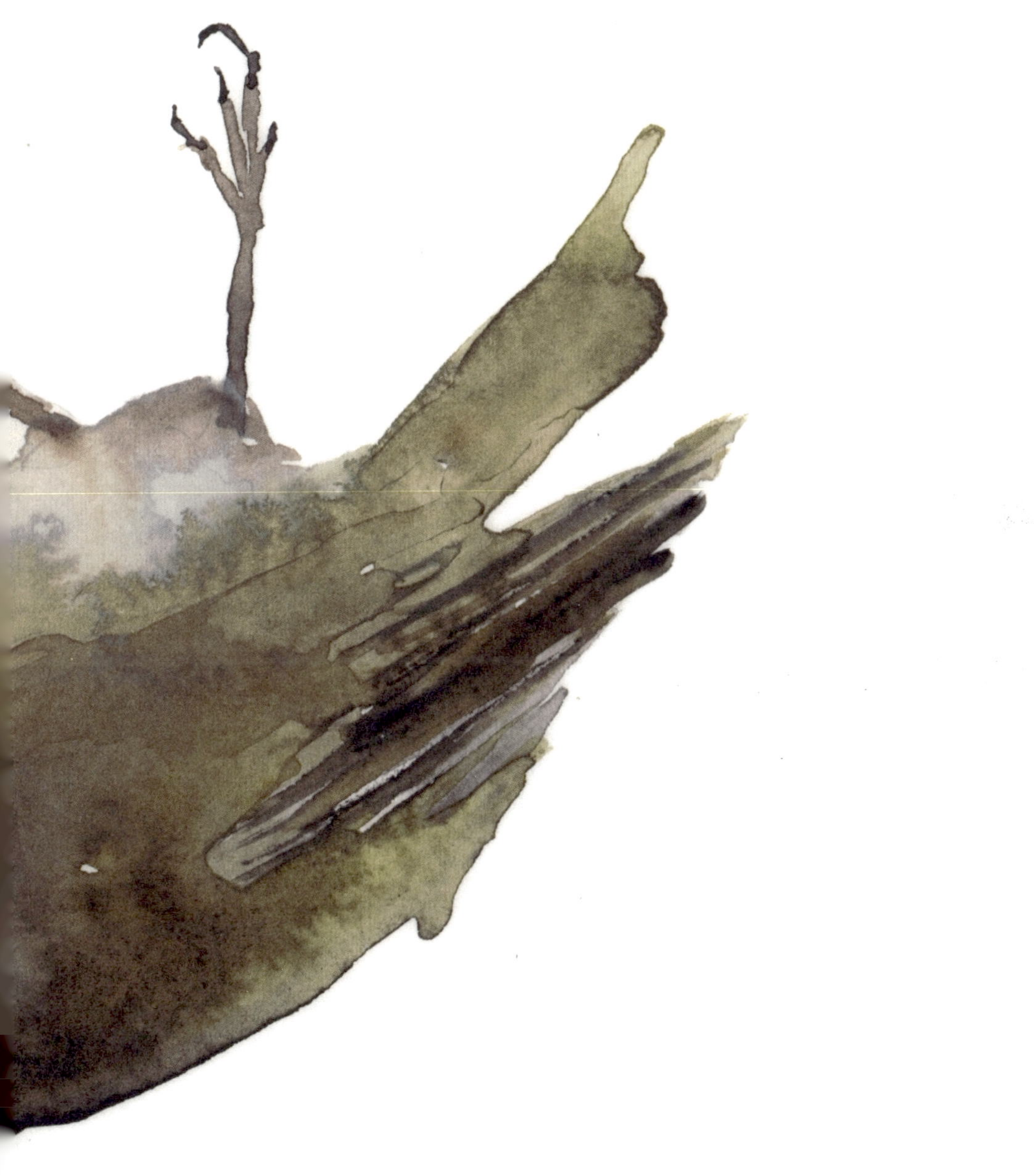

Origine : inconnue

Ces derniers temps, je n'ai pas eu réellement le coeur à écrire.
Ne connaissant pas grand chose aux oiseaux, j'avais pourtant passé l'été à me documenter et à annoter les marges de mes livres autant que je le pouvais.
S'ils m'apparaissaient comme évidemment fascinants, les oiseaux me restaient opaques. Je tentais pourtant de me raccrocher à de vieilles astuces qui mettent normalement la machine de la pensée en marche ; je cherchais l'étymologie du mot 'oiseau' en plusieurs langues. Mais impossible de dépasser l'angoisse qui me maintenait dans le moment présent, sans me permettre de percevoir ni ce qui était venu avant, ni ce qui pourrait bien suivre après. Seul s'affichait :

« *Bird* » : de l'anglais moyen « *bird* », du vieil anglais « *bird* », d'origine inconnue.

Ces derniers jours, la pression s'est resserrée. Croyant fuir derrière la routine sécurisante du travail, c'est pourtant là-bas que je me mis à recevoir des signes de plus en plus difficiles à ignorer. Lundi, c'est une demande de financement pour une pièce de théâtre que je reçois, mettant en scène un jeune augure et une dizaines de personnages aviaires, « the Vulture », « the Chicken », « the Peacock »... La phrase d'introduction même semblait me narguer, une citation de la poétesse norvégienne Caroline Bergvall évoquant le processus de dissociation et d'auto-défaite comme générateur de nouvelles possibilités. Je poussais un soupir.
Vendredi, date limite d'envoi du texte, c'est une visite d'atelier qui se conclue avec le visionnage d'une vidéo mettant en scène des objets d'art-oiseaux coincés dans la réserve d'un musée, dialoguant entre eux pour trouver le moyen de s'échapper. Le dialogue est télépathique et la vidéo accompagnée d'une bande son à suspens et de sous-titres :

« The feathers burst together in a manic process. »

À ce stade, j'étais franchement fâchée. Consciente de mon incapacité à écrire, j'étais pourtant encore bien capable de lire les signes qui m'étaient envoyés. Selon l'univers, le thème des oiseaux, et par son biais, ce texte, semblaient bien être le premier chemin vers la salvation.

Si les augures romains, conseillers des empereurs, se tournaient vers les oiseaux pour présager des événements à venir, pourquoi ne pourrais-je pas les prendre en conseillers pour résoudre des blessures passées, mieux vivre au présent et pouvoir à nouveau me projeter ?
Après tout, nous rappelle Vinciane Despret[1], les oiseaux ne vivent pas dans la trace ni l'évocation, mais dans la 'promotion' toute artistique de leur présence au monde.
Il ne s'agit donc pas de ressasser les signes passés pour survivre mais d'Être, tout simplement.

« To wish to forget how much you loved someone — and then, to actually forget — can feel, at times, like the slaughter of a beautiful bird who chose, by nothing short of grace, to make a habitat of your heart. »

Maggie Nelson[2] est elle aussi une excellente soeur de solitude. Dans ce vers elle lie oiseau et territoire, un territoire qui, si l'on en croit Vinciane Despret, est créé par l'affect de l'oiseau qui le possède autant qu'il en est possédé. Il Est le territoire. Et quand il s'en va, le territoire n'est plus.
Je me laisse à croire, en lisant ces quelques vers de Bluets à la possibilité de me posséder moi-même et de retrouver mon oiseau intérieur. Comme ses pairs, il pourrait ainsi recréer un habitat de mon coeur en imaginant sa propre composition artistique expérimentale, faite d'intensité et de rythmes. Un habitat qui, comme dit Despret, est « intensément vécu» et où « l'art de la distance est un art de la composition ».

« We know they will come back but, when they are finally here, the songs feel like a miracle. »

Pionnier de la musique expérimentale inter-espèces, David Rothenberg[3] écrit qu'après avoir étudié le chant du rossignol, il s'est retrouvé face à une composition d'une telle complexité qu'elle serait impossible à reproduire. C'est un chant d'avant le chant, un chant qu'il reste encore à inventer.
Ces chants et leurs interprètes soignent les âmes humaines depuis la nuit des temps. Ils fascinent par leur capacité à être totalement en présence, tout en habitant simultanément passé et futur. Chez les oiseaux, le temps semble circulaire. Loin de condamner leur existence à une répétition obsessionnelle, on trouve au contraire en ces rythmes qui les caractérisent l'apaisement d'un temps immuable, un temps qui nous dépasse et nous réconforte malgré nos habitats abîmés.

Justine Daquin

[1]Vinciane Despret, *Habiter en oiseau*, Actes Sud, Mondes Sauvages, 2019
[2]Maggie Nelson, *Bluets*, Jonathan Cape, 2017
[3]David Rothenberg, *Nightingales in Berlin*, Chicago Press, 2019

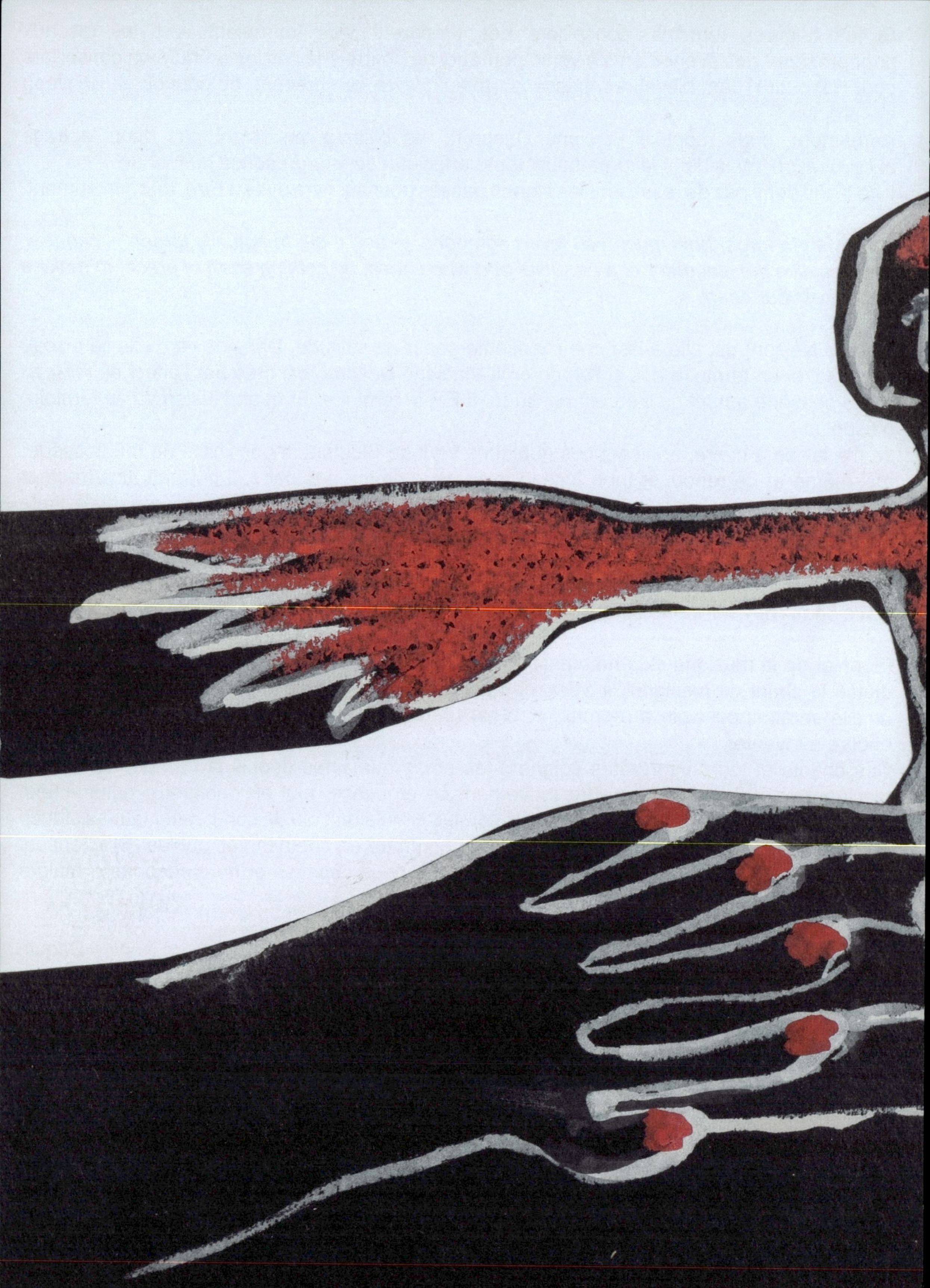

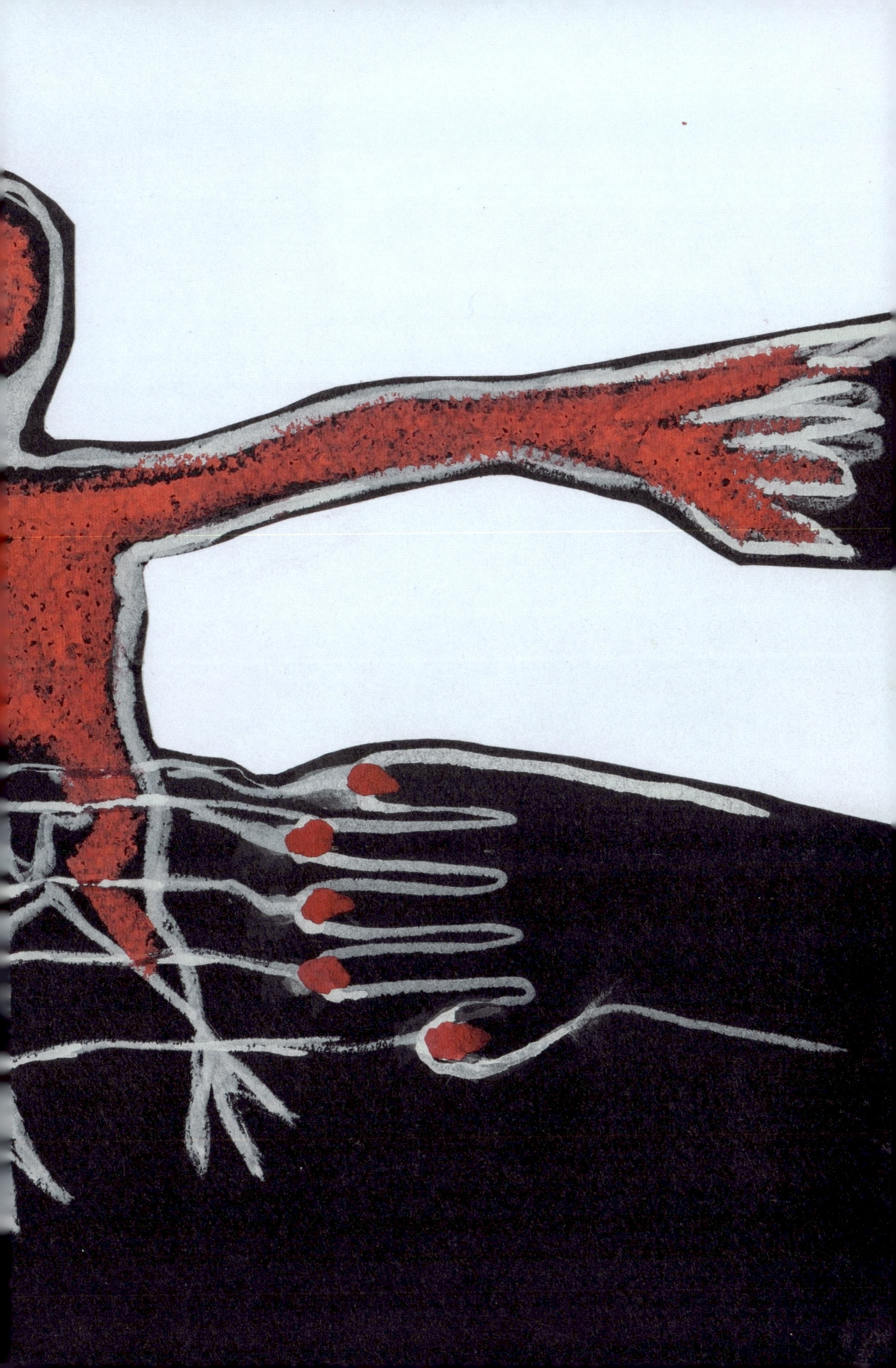

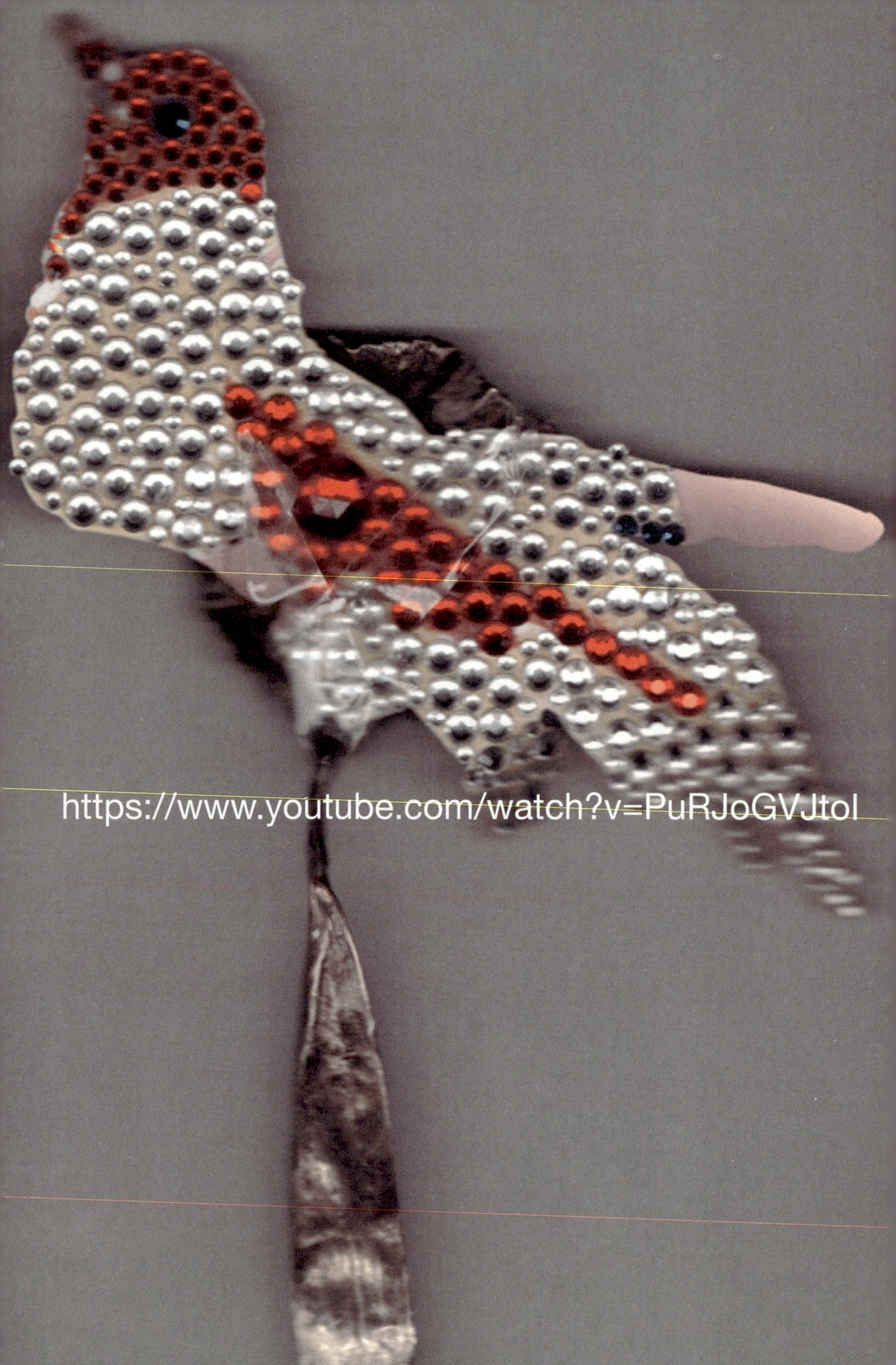
https://www.youtube.com/watch?v=PuRJoGVJtol

Birdcalls, an early gem of an audio work in Lawler's largely photographic oeuvre, was first conceived in the early 1970s as a joke between the artist and her friend Martha Kite. The two women were assisting artists with the installation of a project along the Hudson River piers and, by Lawler's account, 'The women involved were doing tons of work, but the work being shown was only by male artists.' While walking home from the piers late at night, Lawler and Kite, who called themselves the 'due chanteusies', would make loud noises and act crazy in order to ward off any would-be offenders. [...] After spontaneously warbling the name of the exhibition's organiser, Willoughby Sharp (Willoughby! Willoughby!) as a bird, Lawler decided to develop a longer list of male artists' names from which to create her calls. [...] She strains her voice to sing the names of twenty-eight celebrated male artists as though they were the songs of twenty-eight unique species of bird,[...] each name given its own specifically nuanced call: 'Acconci'is sung in a shrill staccato ('acconCHEE!!'); 'Gilbert & George' takes a low-pitched chatter ('Gilberengeorge, Georgengilber! Gilberengeorge!'); and 'Artschwager' has amanic squawk ('aa-arrRRRT-SCHWAGERR-RR!!!'). [...]»

Stacey Allan, « Role Refusal: On Louise Lawler's *Birdcalls*», *Afterall: A Journal of Art, Context, and Enquiry,* Issue 20 (Spring 2009), pp. 108-113

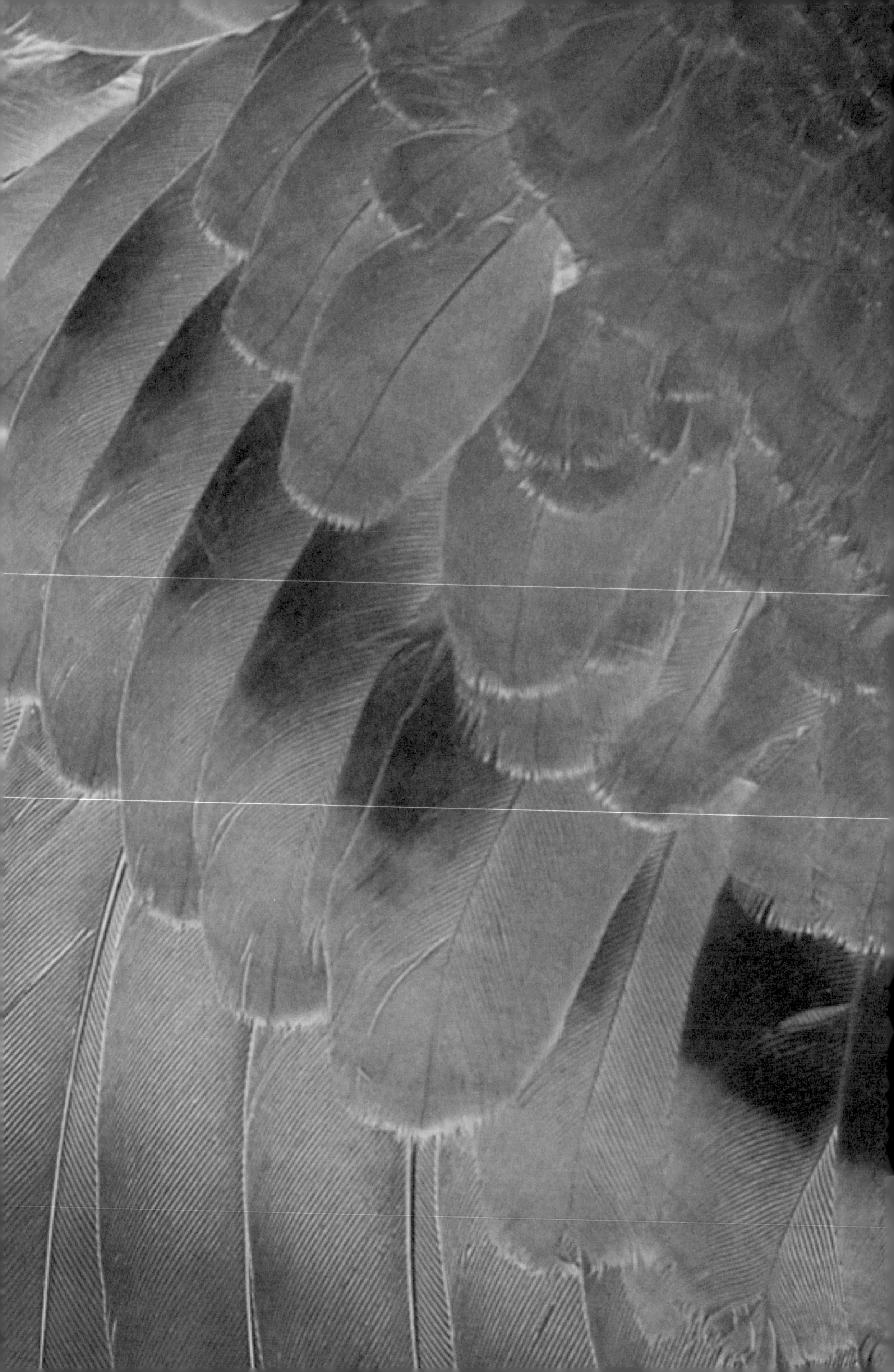

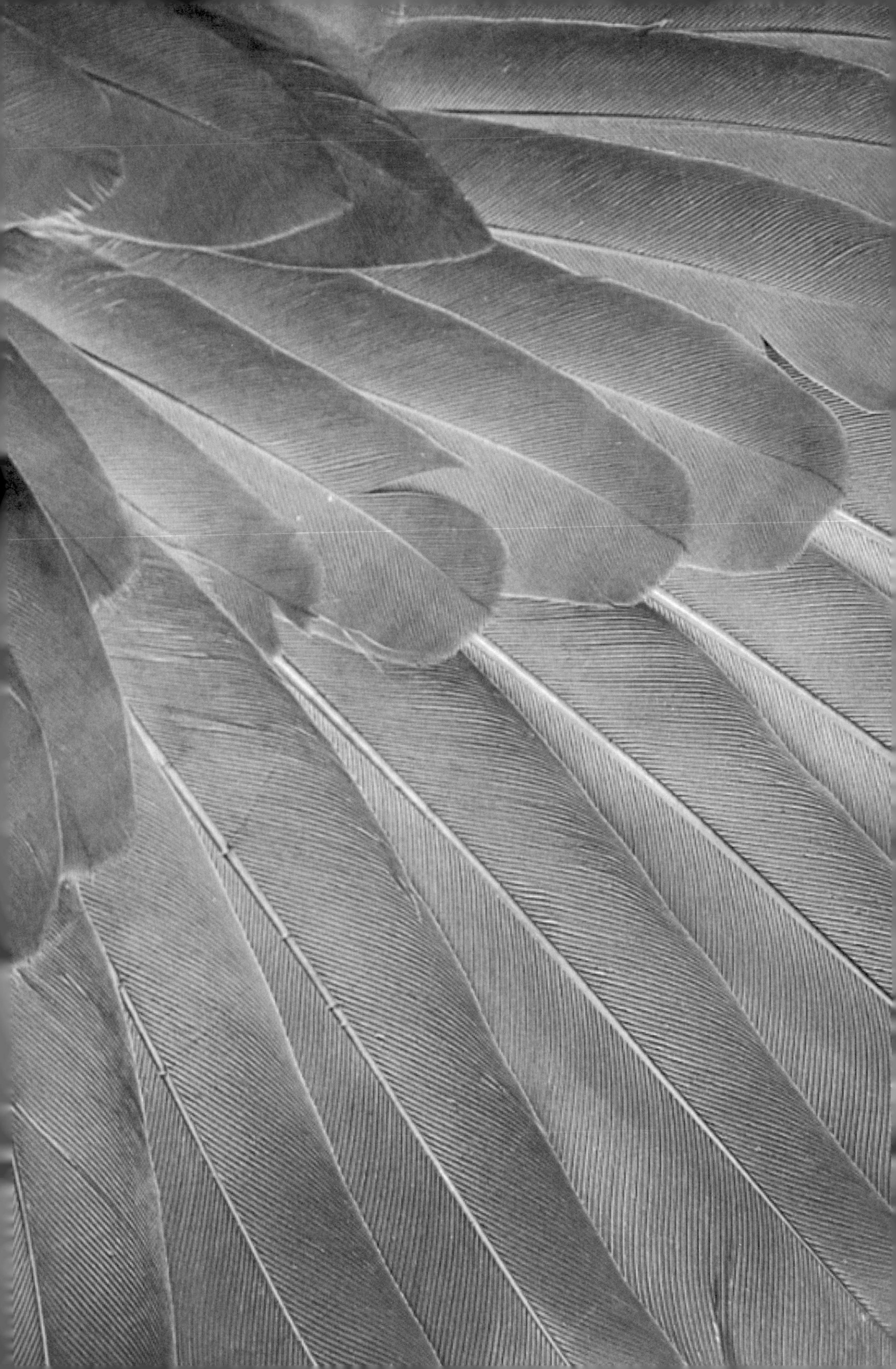

des ailes et des eaux
des ailes et des os

des ailes à travers peau
je traverse mouillée
les molécules poreuses

palpitation et maux

à force de veiller
l'ange a plié
c'est la grande echappée

survol de l'incertitude
l'aile bat, le ciel se déploie
l'ange bat, le ciel s'apitoie
de l'air
à travers corps

vie blanche et ouatée
vue claire pour décollage

le baptême est réel
la naïveté se rompt
l'optimisme a débuté

j'avais decidé d'être là
touchée par la grâce
je ne pouvais plus surveiller

la scène du film commence comme ça
un matin embrumé
c'est ce qu'on m'a raconté

quand il est tombé par dessus bord
genoux faibles mains paralysées
un frêle corps
sans ailes j'imaginais

en pièce

je devais savoir
que j'aurais besoin de m'impliquer
c'est comme celui qui avait échappé
au bout de bois

finalement il suffisait d'être là
des ailes prêtes à l'emploi
pas trop haut dans le ciel
la chaleur fait fondre
indice degré à surveiller
pour éviter rayons flous et cils collants

je suis descendu en piqué
l'ennui prêt à capituler

passer par la zone de transition
celle qui ne condamne rien
difficile de dessiner
ce qui ressemble juste
à une interminable possibilité
il n'y a pas de fin, pas de fin envisageable
et pas de fin possible

on ferme les yeux et on s'imagine
que tout va aller

on plisse les yeux et on s'imagine
qu'on va bien arriver

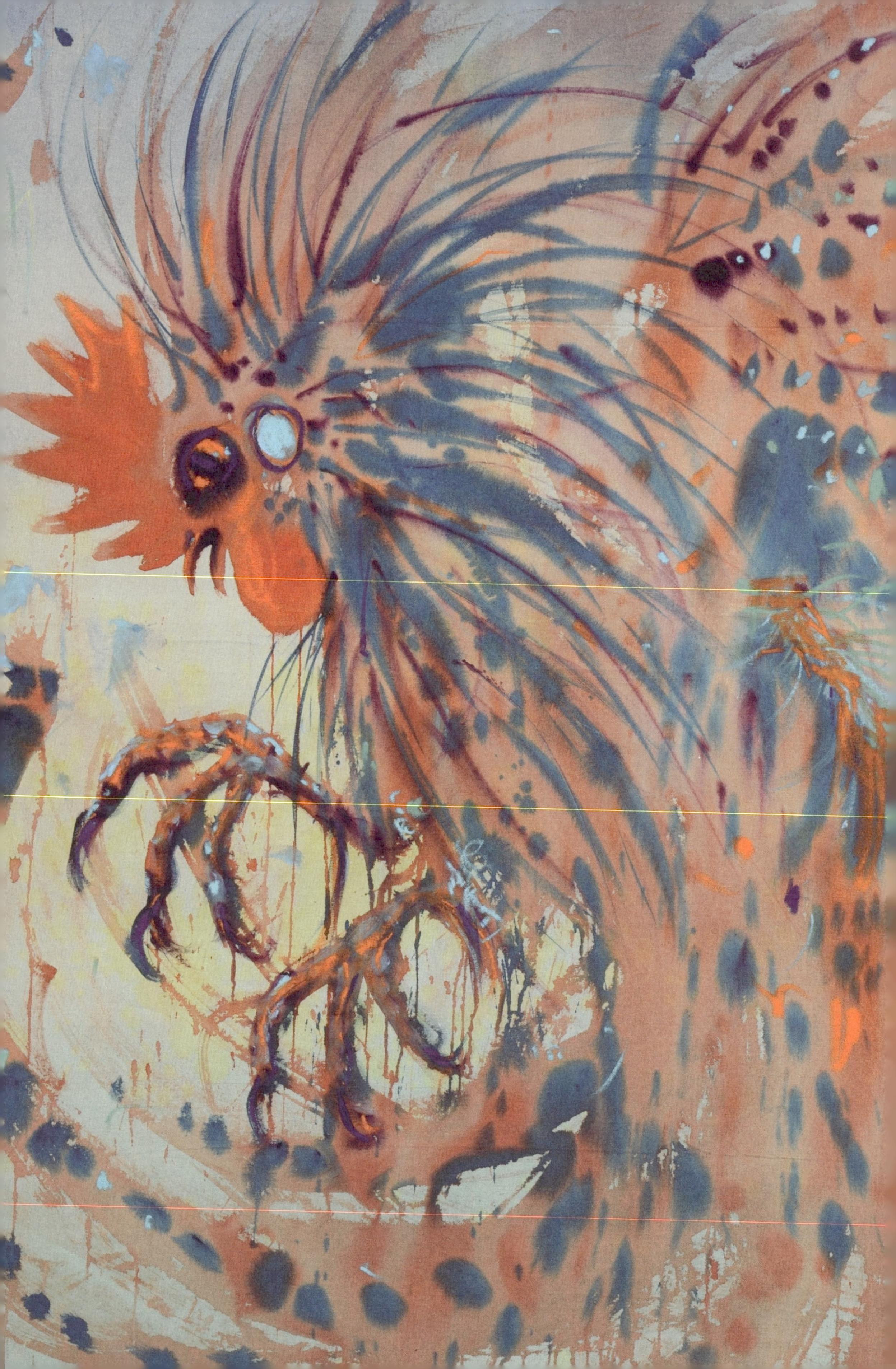

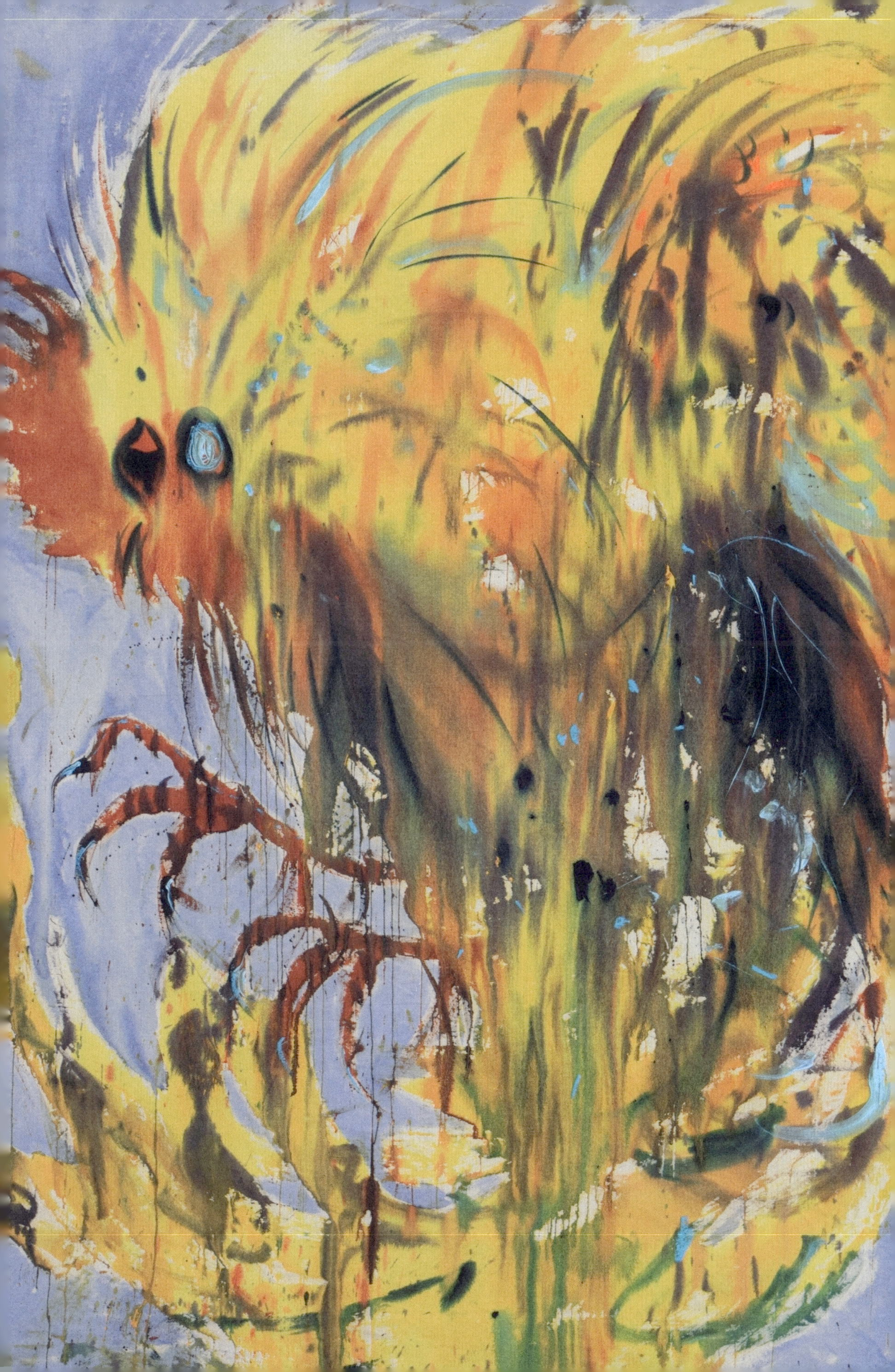

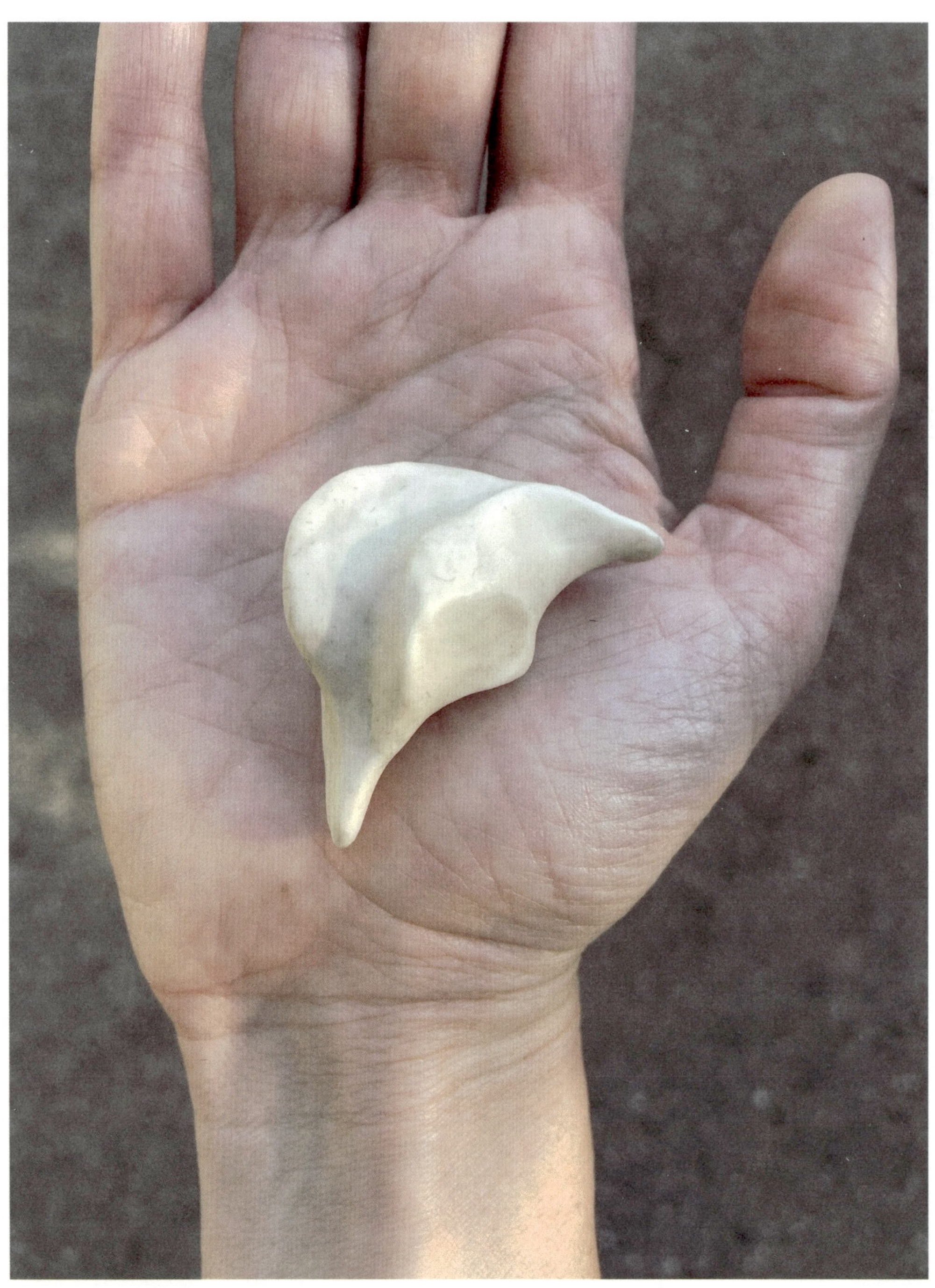

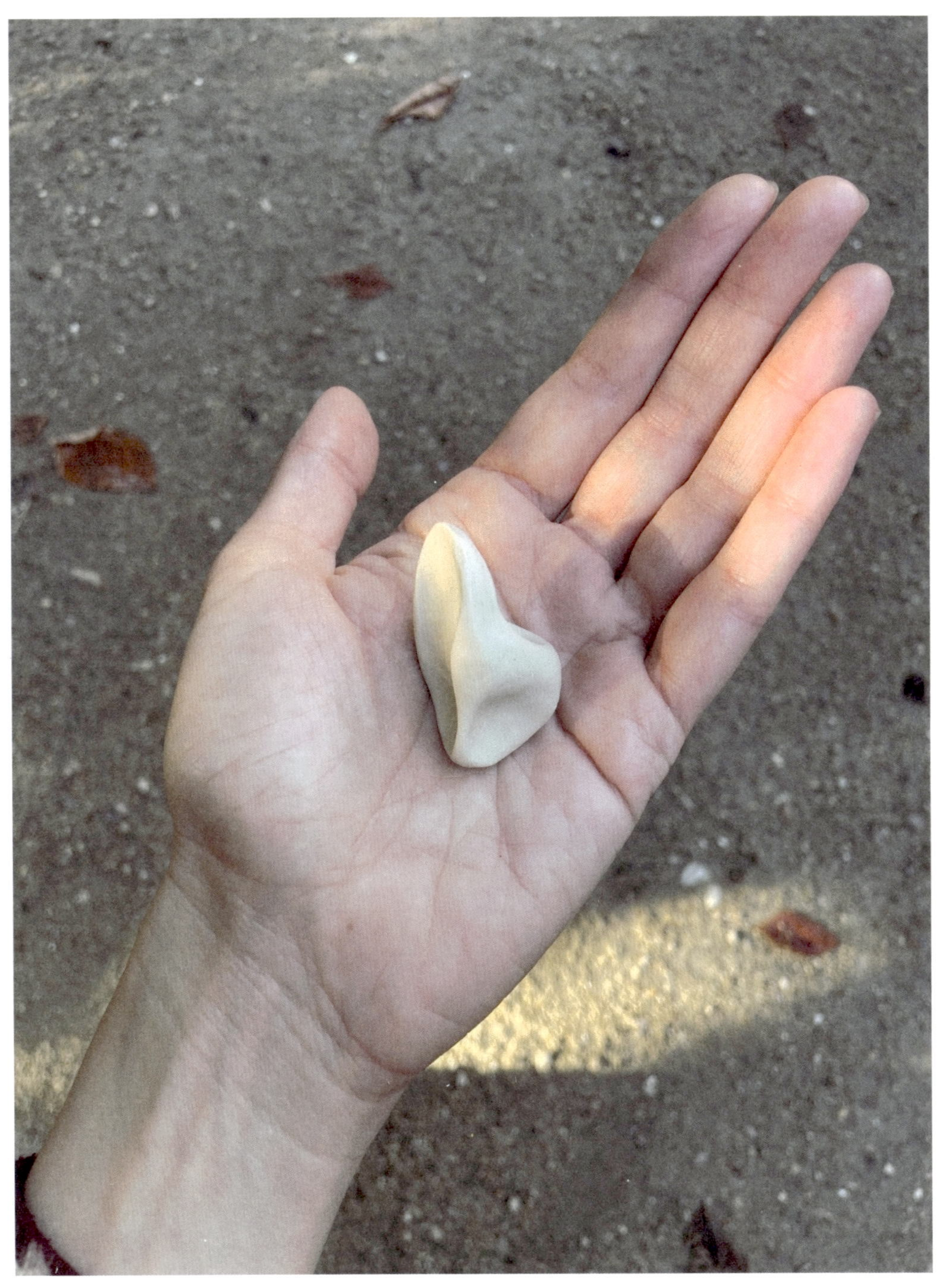

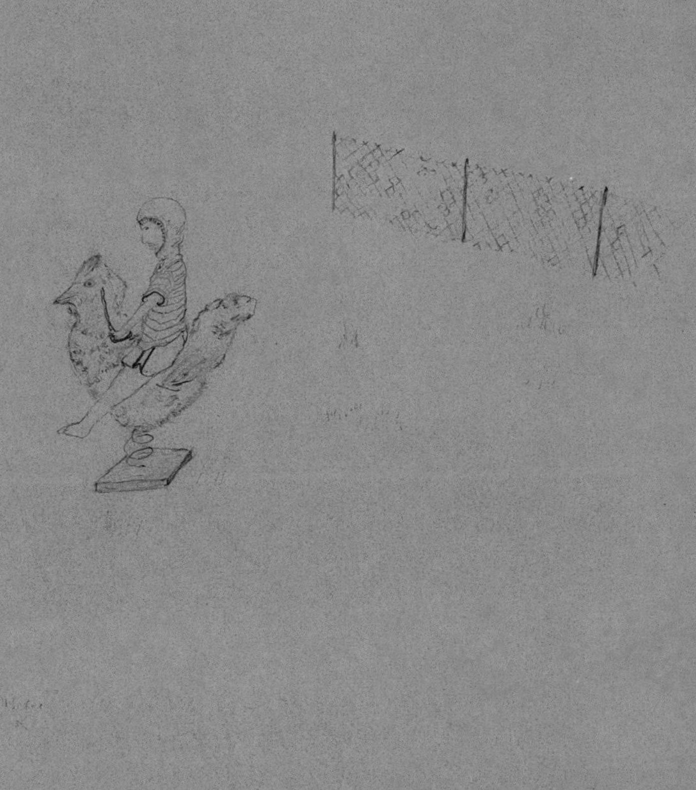

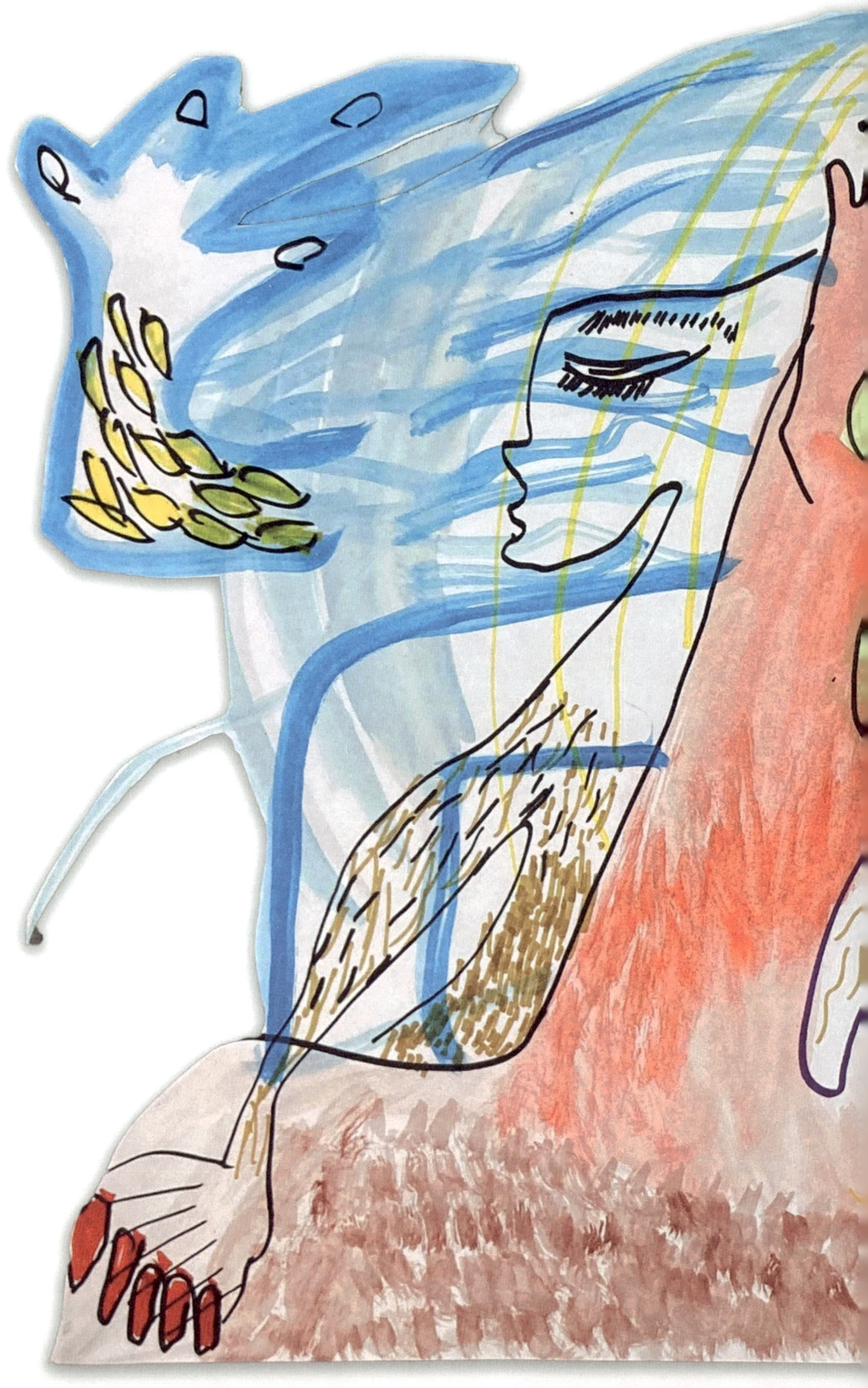

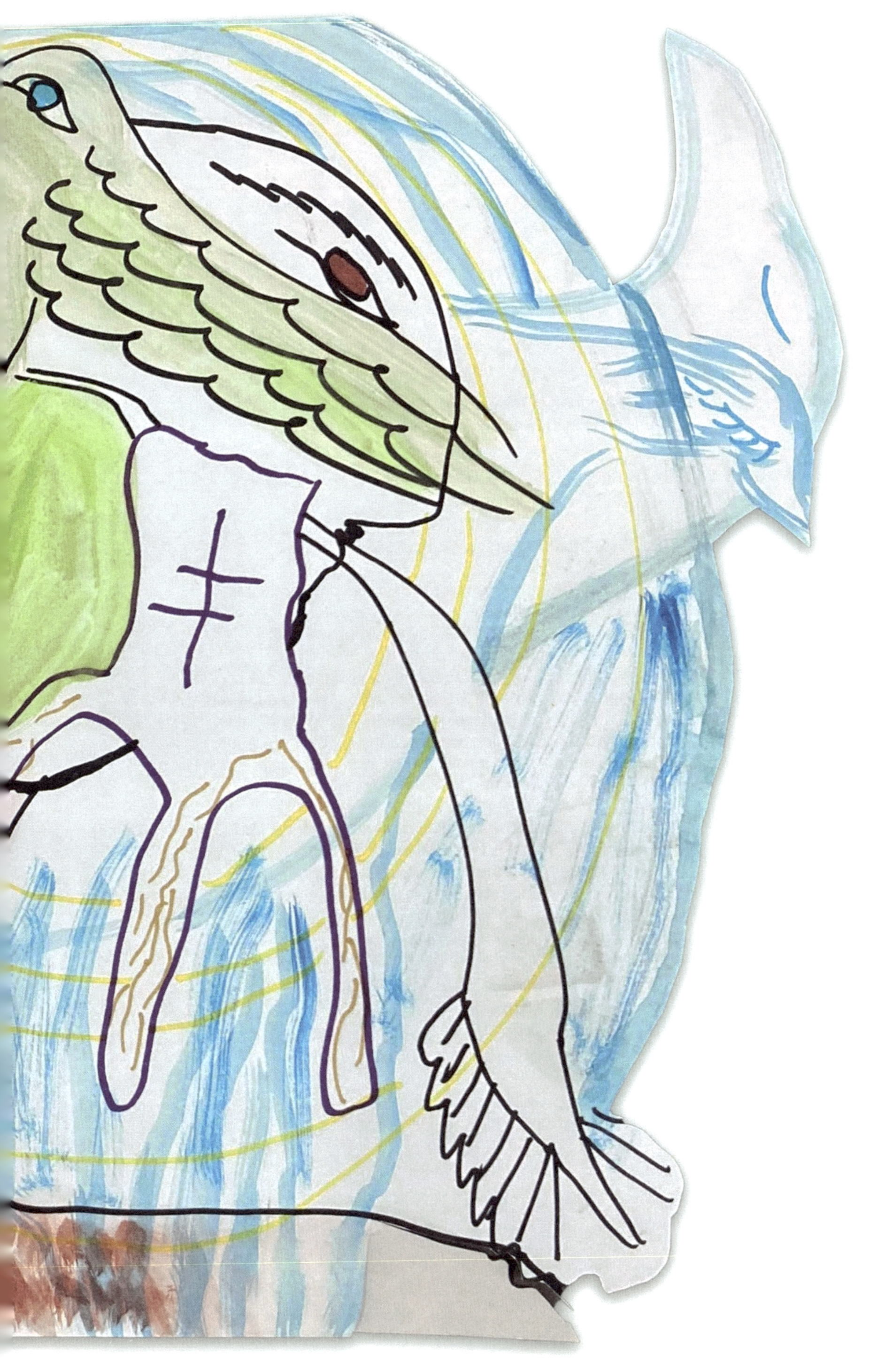

Bird Emojis and What They Evoke: Giving Words Back to Emojis
A Personal Review and Reverse Translation

Modern Hieroglyphs of the Silent World

In the age of digital chatter words have become optional.
We have turned to minuscule symbols to express ourselves.
Emojis have changed the way we communicate:
We are speeding up the process, simplifying it,
Reducing it to instinctual signs and signals.
Our modern hieroglyphs, used in the silent world of our text messages.
Each bird emoji, on the surface, represents a specific species.
In practice, we are mimicking ancient forms of communication.
A penguin is not a penguin, it is the symbol of awkwardness or cuteness.
A bald eagle symbolizes freedom, power, predatory behavior.
We are not sending each other birds.
We are texting character traits, actions, mood markers, ideas.
Distilling emotions into tiny winged creatures.
Silence reigns and symbols speak for us.
Birds are doing more than just appearing as they are.

They are carrying our messages
across the vast chaotic sky of our daily unspoken conversations.

Food, countryside, farm life, trad wives, silliness, cluelessness, cowardice, childhood, simplicity, basic needs, unpolished, rustic charm, haircut, noise, alarm, fertility, domesticity.

Clumsiness, awkwardness, cold, winter, Antarctica, cuteness, formality, social bonding, romance, inseparable couples, teamwork, innocence, global warming, nurturing, stoicism, isolation, humility, conservation efforts, animated movies, children's toys, coziness.

Neutrality, nature, morning chirping, freedom, basic communication, blandness, boredom, everyday life, routine, communication, letters, transience, hope, aspirations, dreams taking flight, the soul's journey, backyard feeders, freedom of speech, spirituality, signs from beyond, emptiness, fullness.

Birth, beginnings, fragility, springtime, curiosity, playfulness, purity, growth, gardening, pets, cuteness, the dawn of life, untouched purity, being a virgin, parental care, protection, youth movements, fresh perspectives, cultural traditions, Easter egg hunts, spring festivals, being caring, joy.

Rebirth, discovery, potential, change, metamorphosis, creation, transformation, excitement for the future, emergence, vulnerability, awakening, coming out, incubation, fertility treatments, the miracle of life, innovation, fresh ideas coming to light, revolution, breaking old systems, personal growth, self-discovery, new chapters.

First steps, progress, exploration, naivety, joy, venturing out, lightheartedness, learning, gaining experience, adventure, the thrill of the unknown, family moments, watching children grow, watching friends evolve, the journey begins, paths, development, maturing over time, the march of the young, future leaders, courage, overcoming fear, stepping forward.

Aggression, territoriality, loudness, unpredictability, travel, migration, community, unity, messiness, disruption, causing a scene, farm animal, rural life, feather pillows, folklore, tales, stories, journeys, violence, guarding, vigilance, foie gras, fatty delicacy, playful teasing.

Calm surface, hidden effort, quacks, ponds, lakes, adaptability, being a servile boyfriend, feeding, the park, serenity, reflections on still water, disguise, avoidance, resilience, transformation stories.

Secrecy, rebellion, nonconformity, darkness, night, sadness, melancholy, solitude, loneliness, gothic aesthetic, Edgar Allan Poe, superstitions, signs of change, connections to the unknown, dissent, voices of protest, uncommon visitor, eerie presence, depths of the soul, intelligence, introspection.

Power, strength, independence, dominance, majesty, patriotism, nationalism, fascism, confidence, pride, leadership, vision, sharp focus, foresight, sovereignty, toxic masculinity, government, military state, ambition, striving for greatness, Donald Trump, imperialism, control, unchecked ego.

Wisdom, knowledge, magic, silence, observation, insight, comfort in being alone, philosophy, deep contemplation, questioning, spookiness, Halloween, being a muse, supernatural, quiet presence, observer, seeking truth, uncovering secrets, education, symbol of learning, academia, to be the unseen witness of an event.

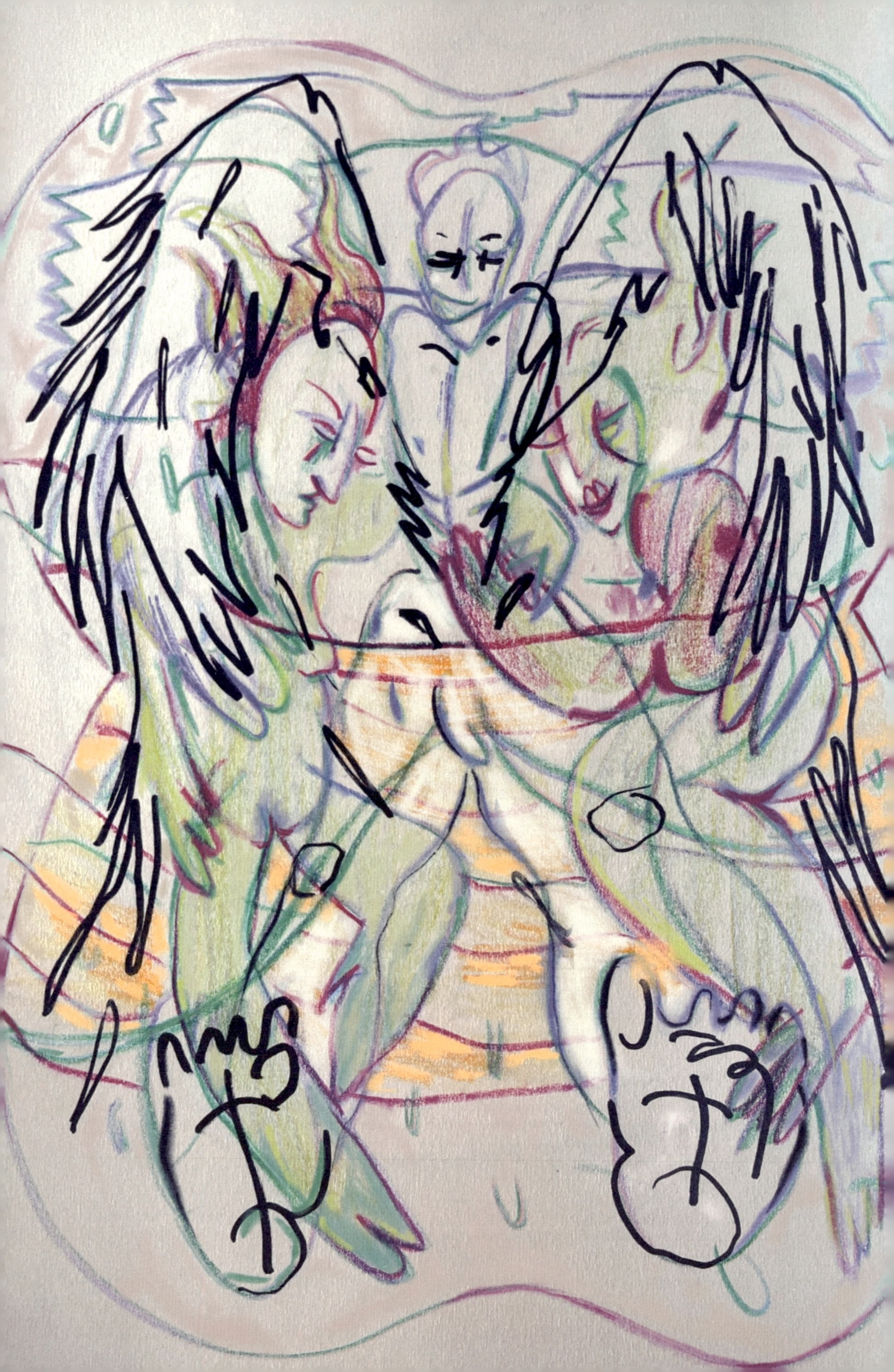

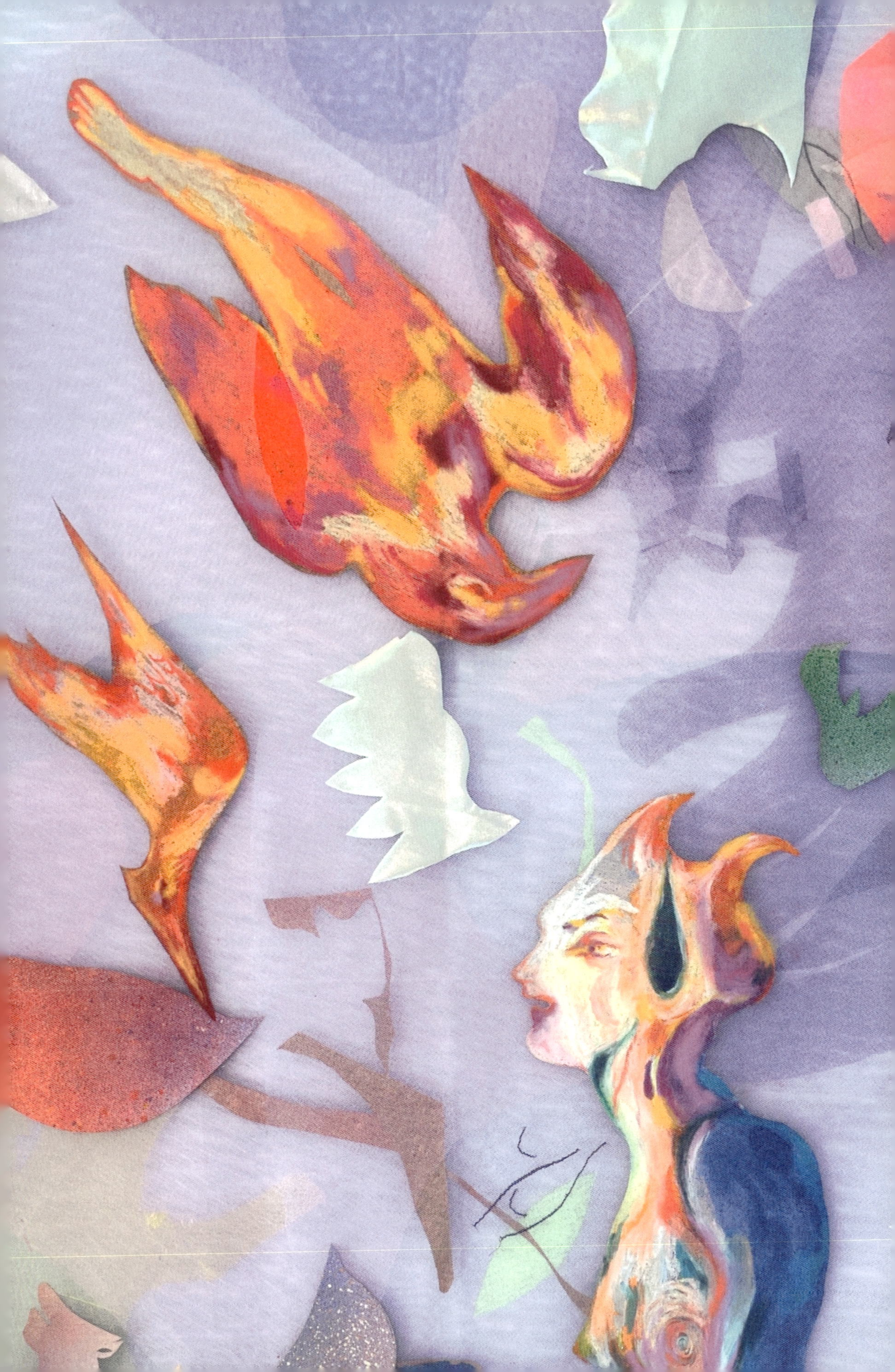

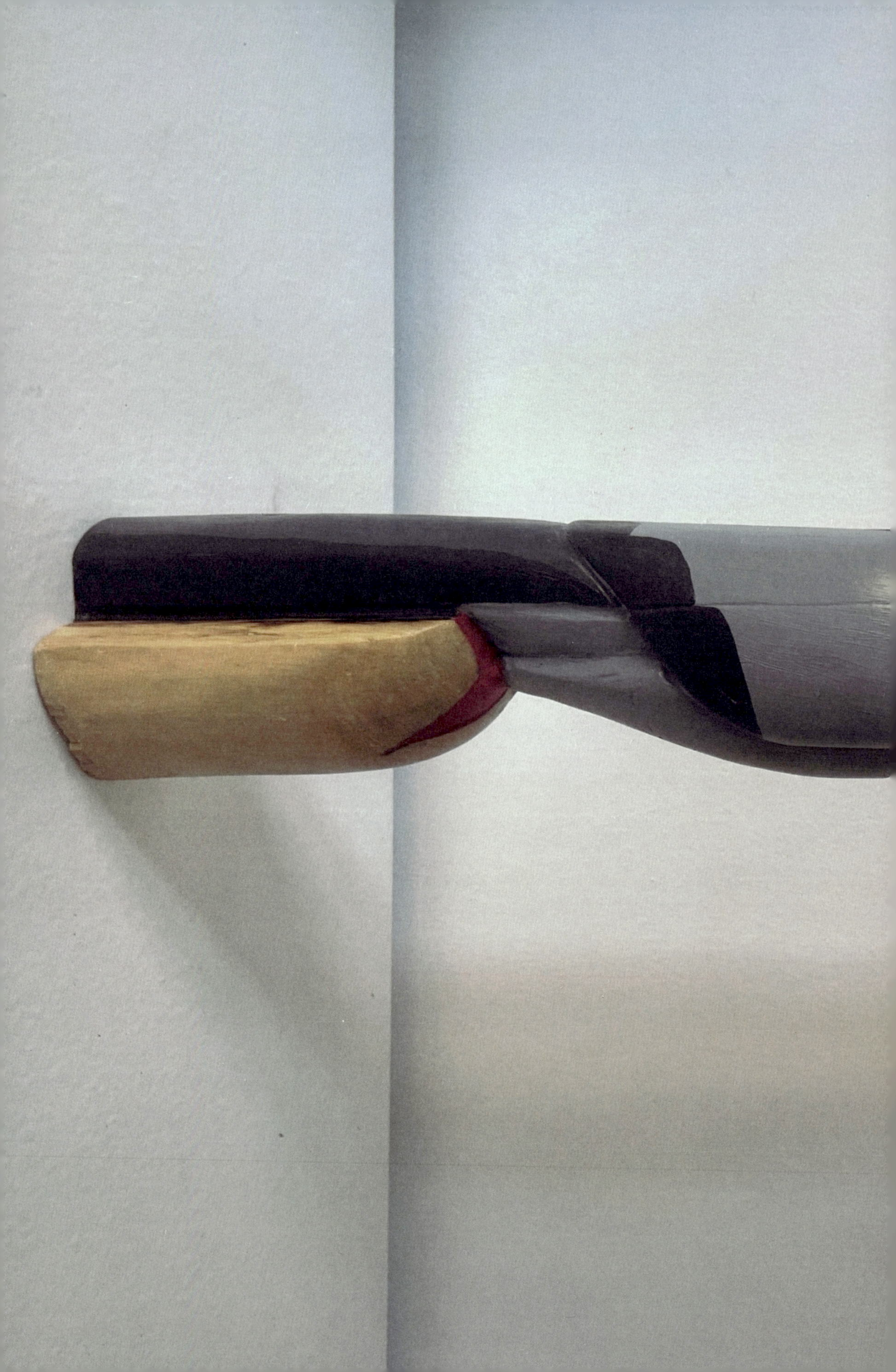

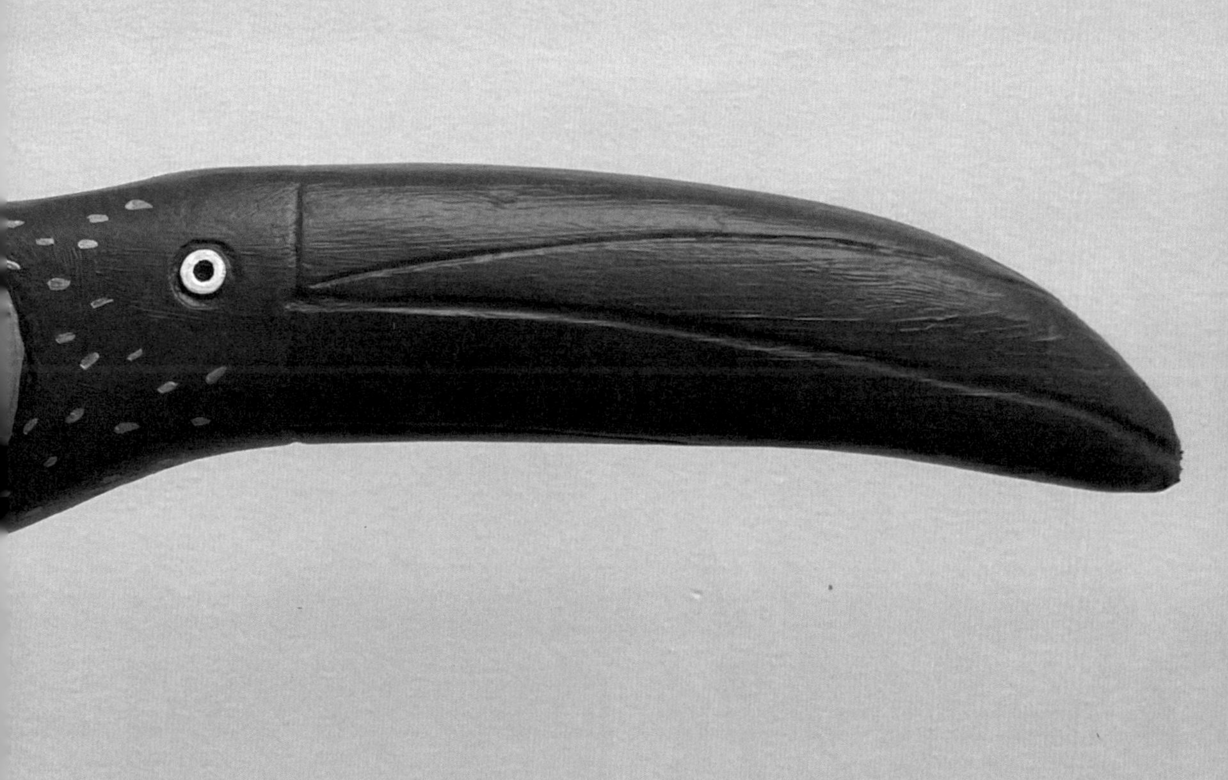

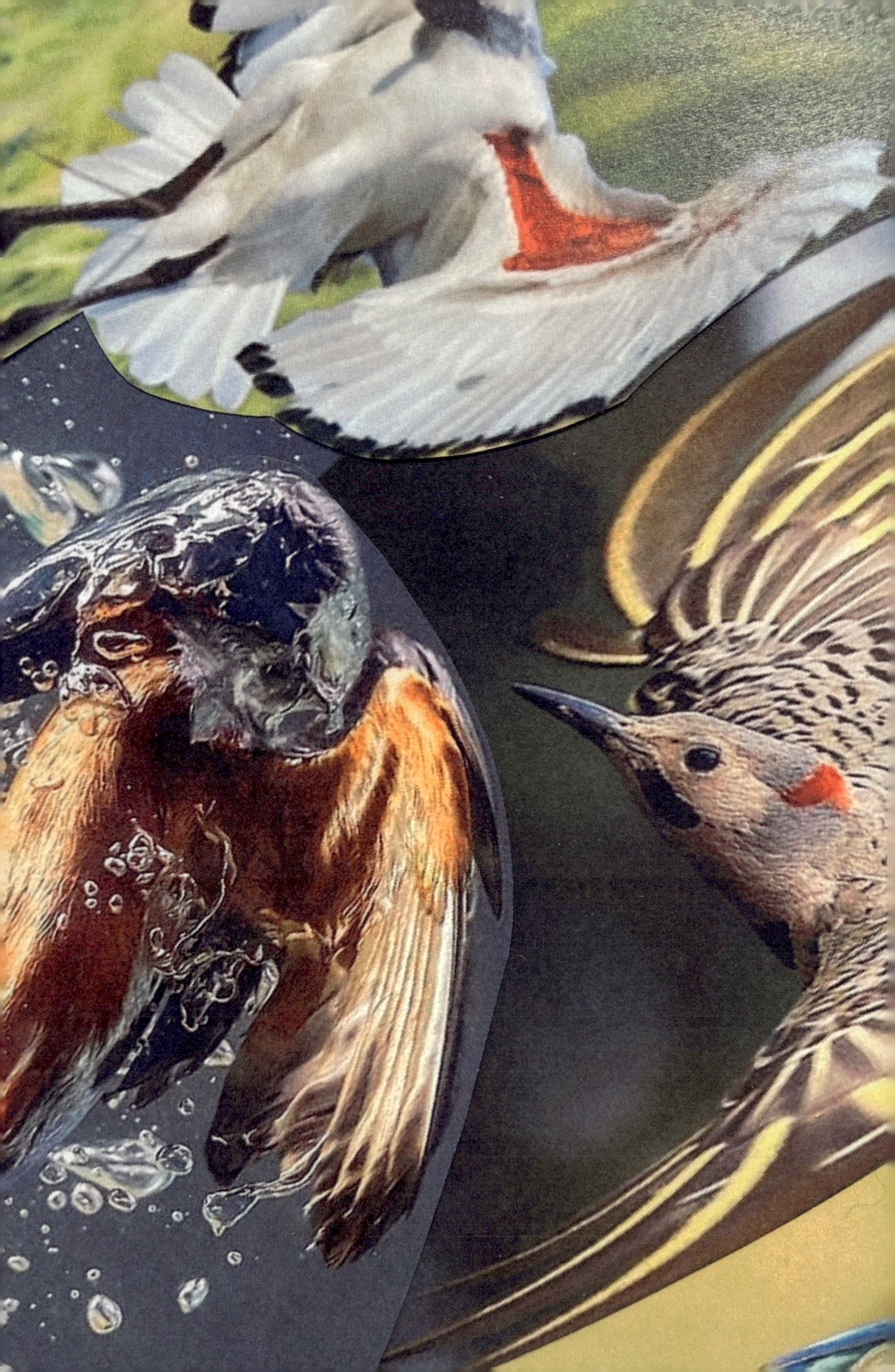

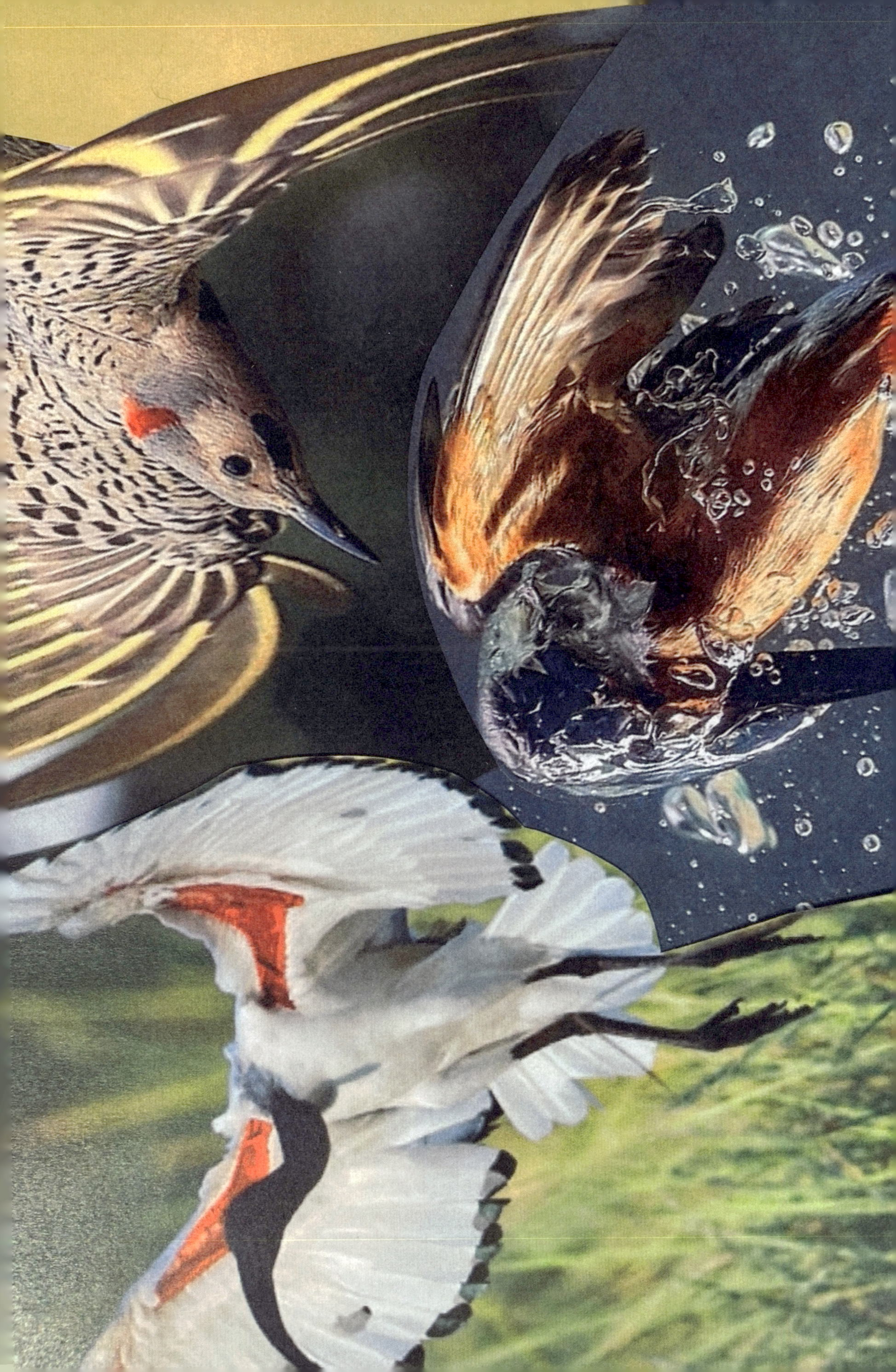

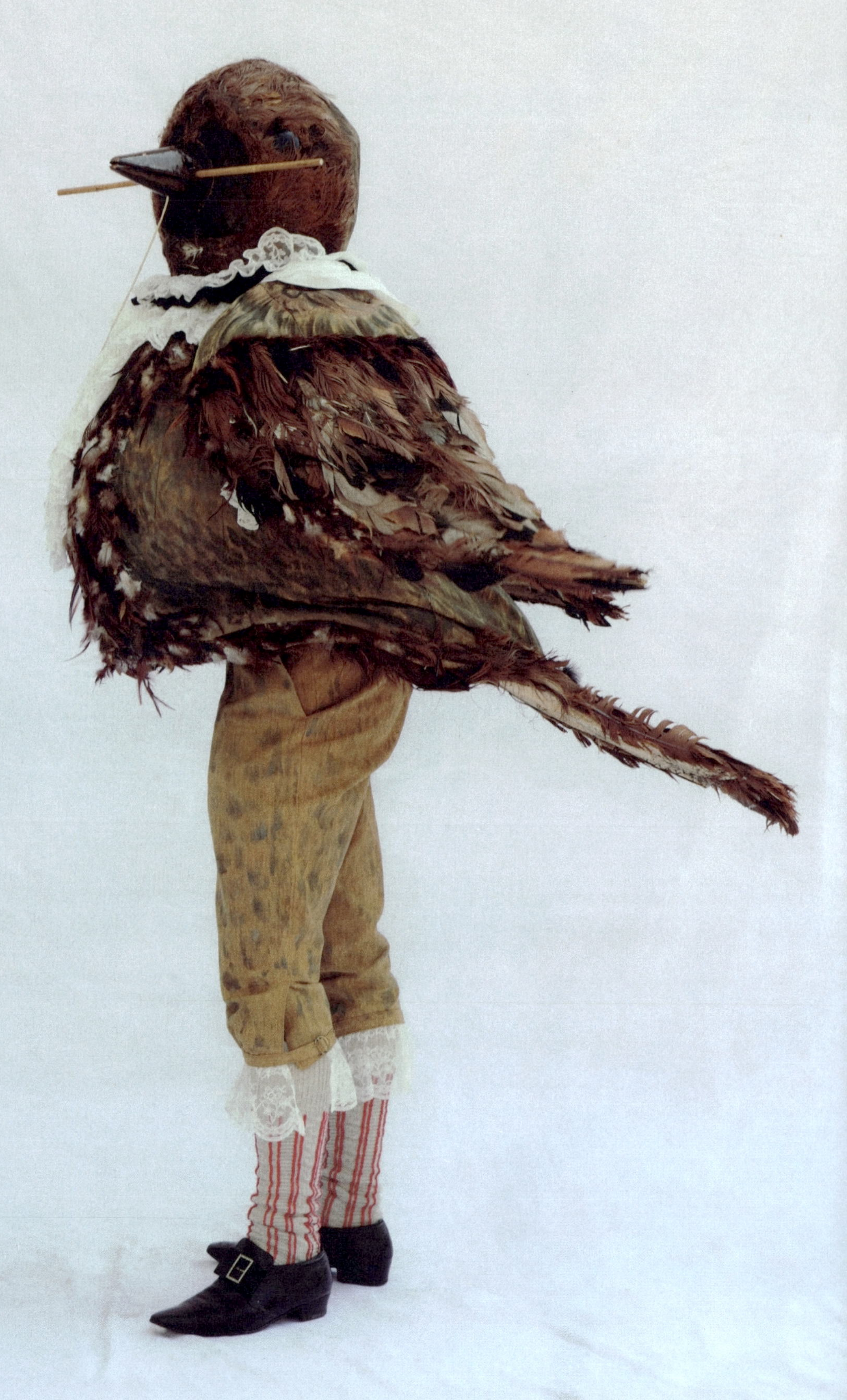

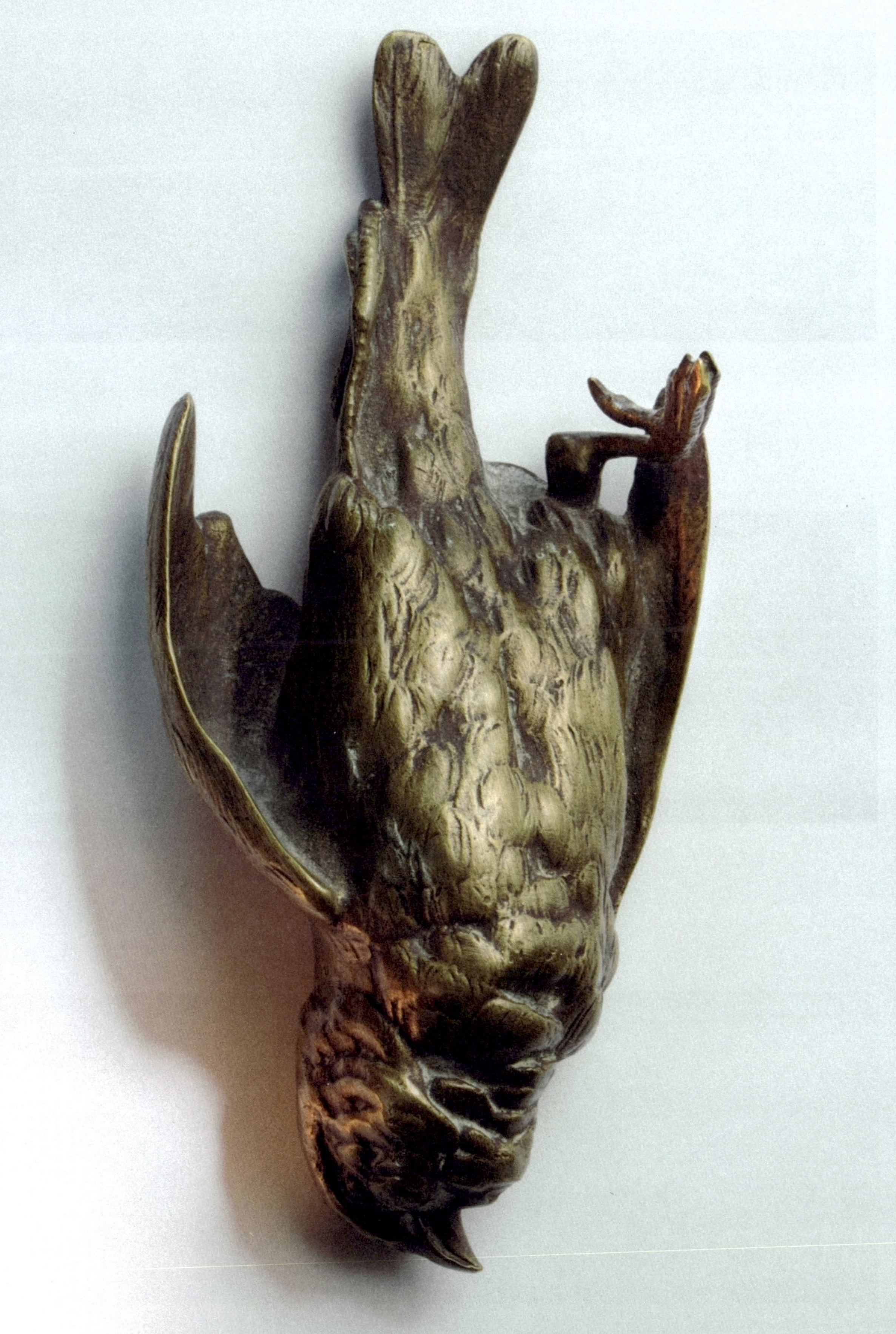

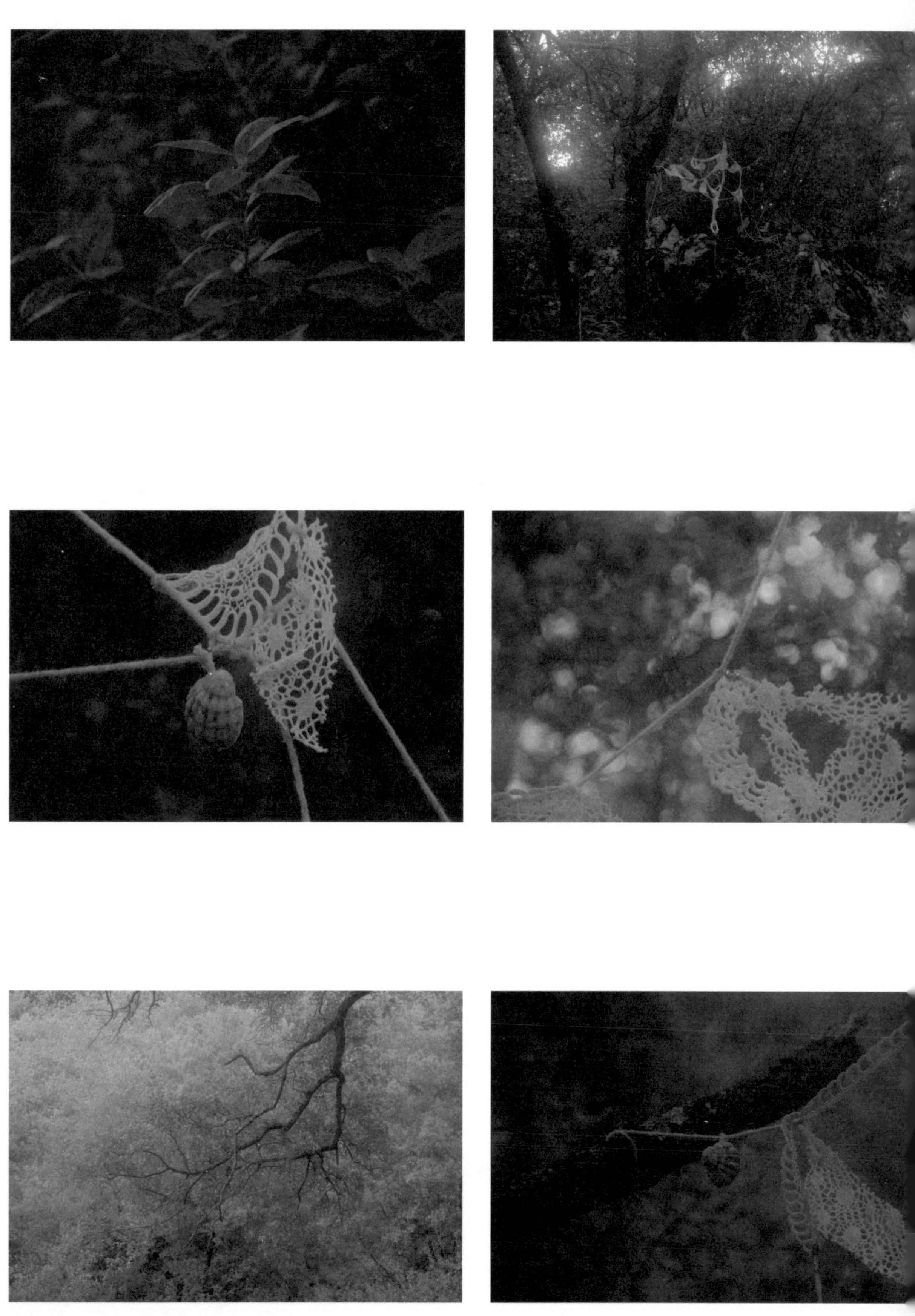

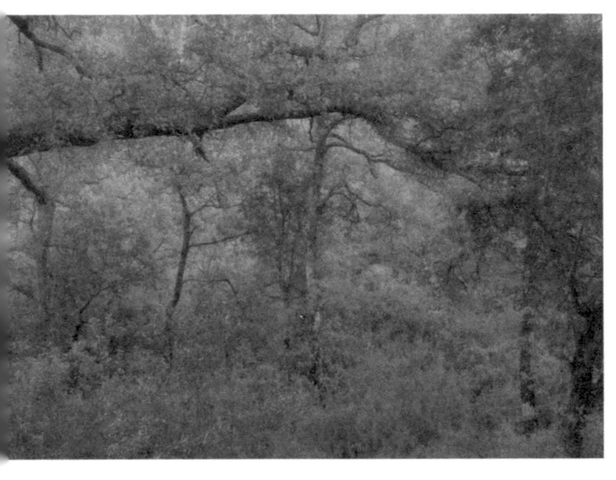
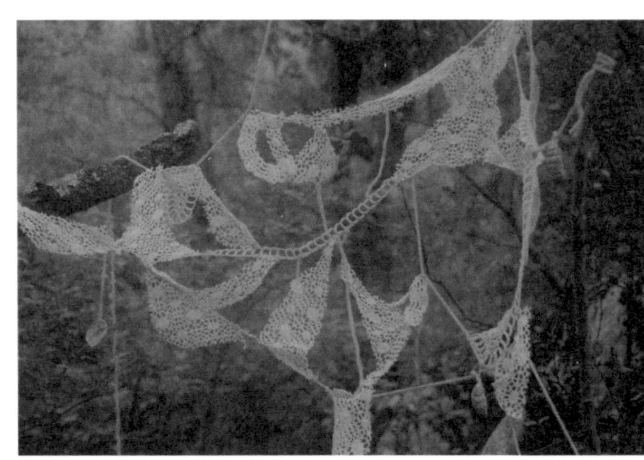
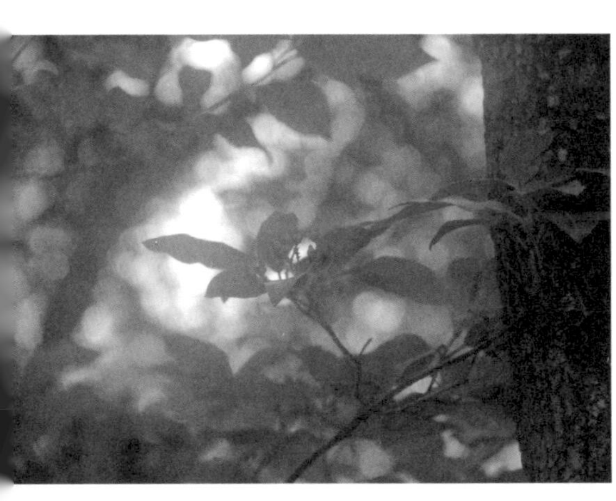

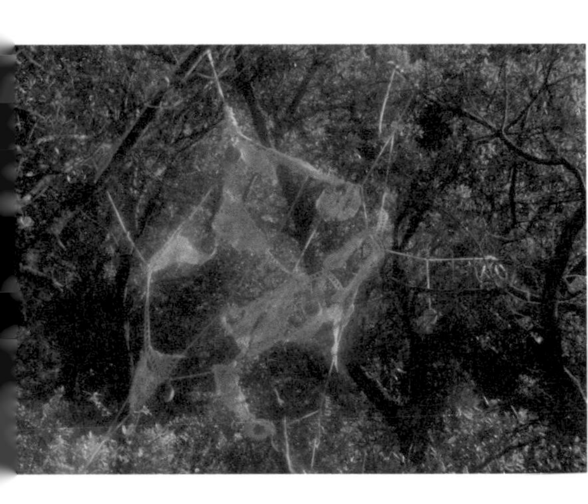
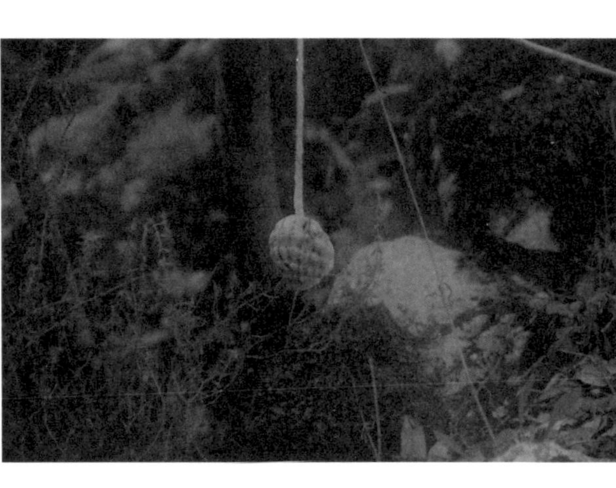

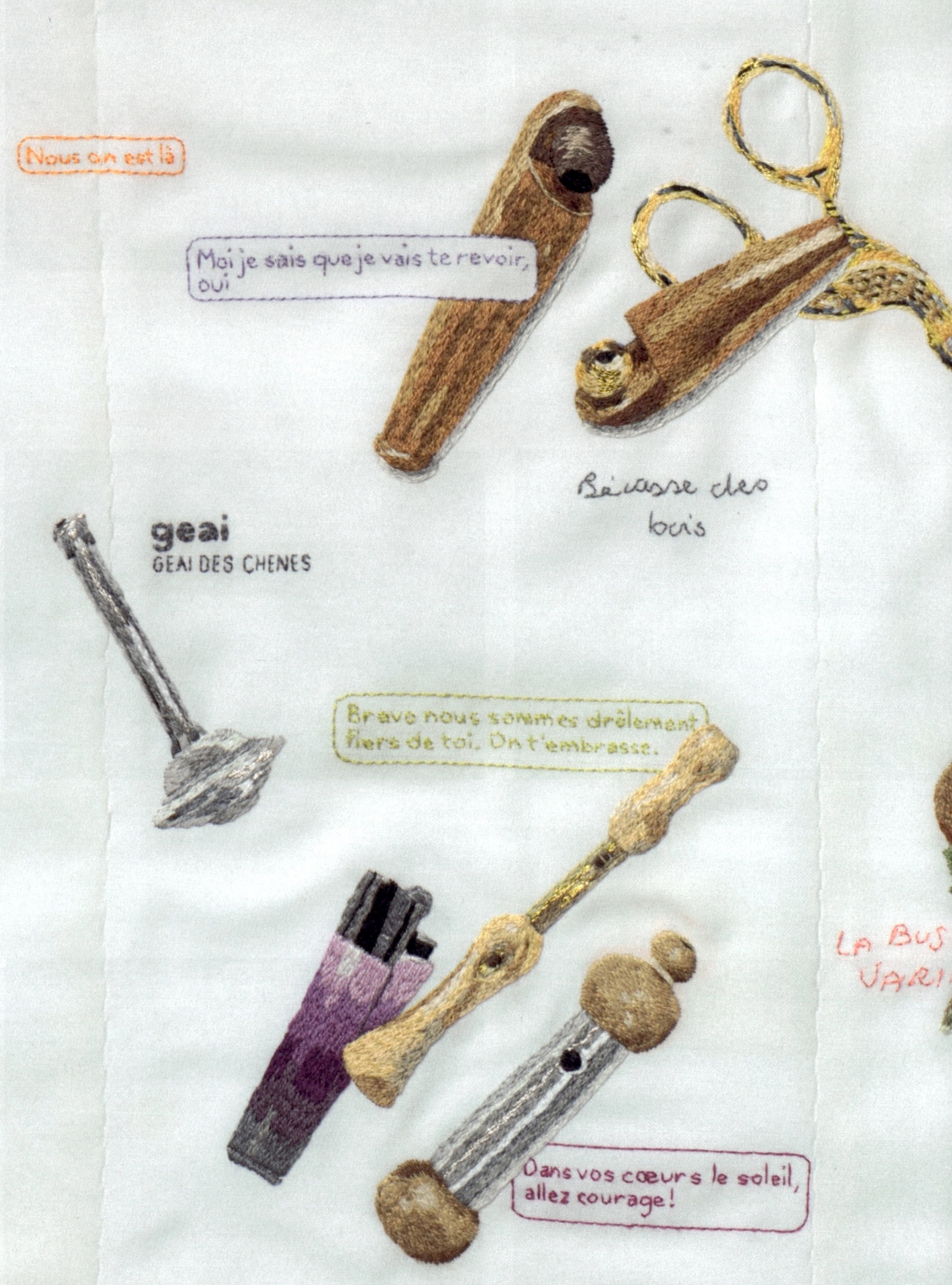

Nous on est là
Moi je sais que je vais te revoir, oui
Bécasse des bois
geai
GEAI DES CHENES
Bravo nous sommes drôlement fiers de toi. On t'embrasse.
Dans vos cœurs le soleil, allez courage!

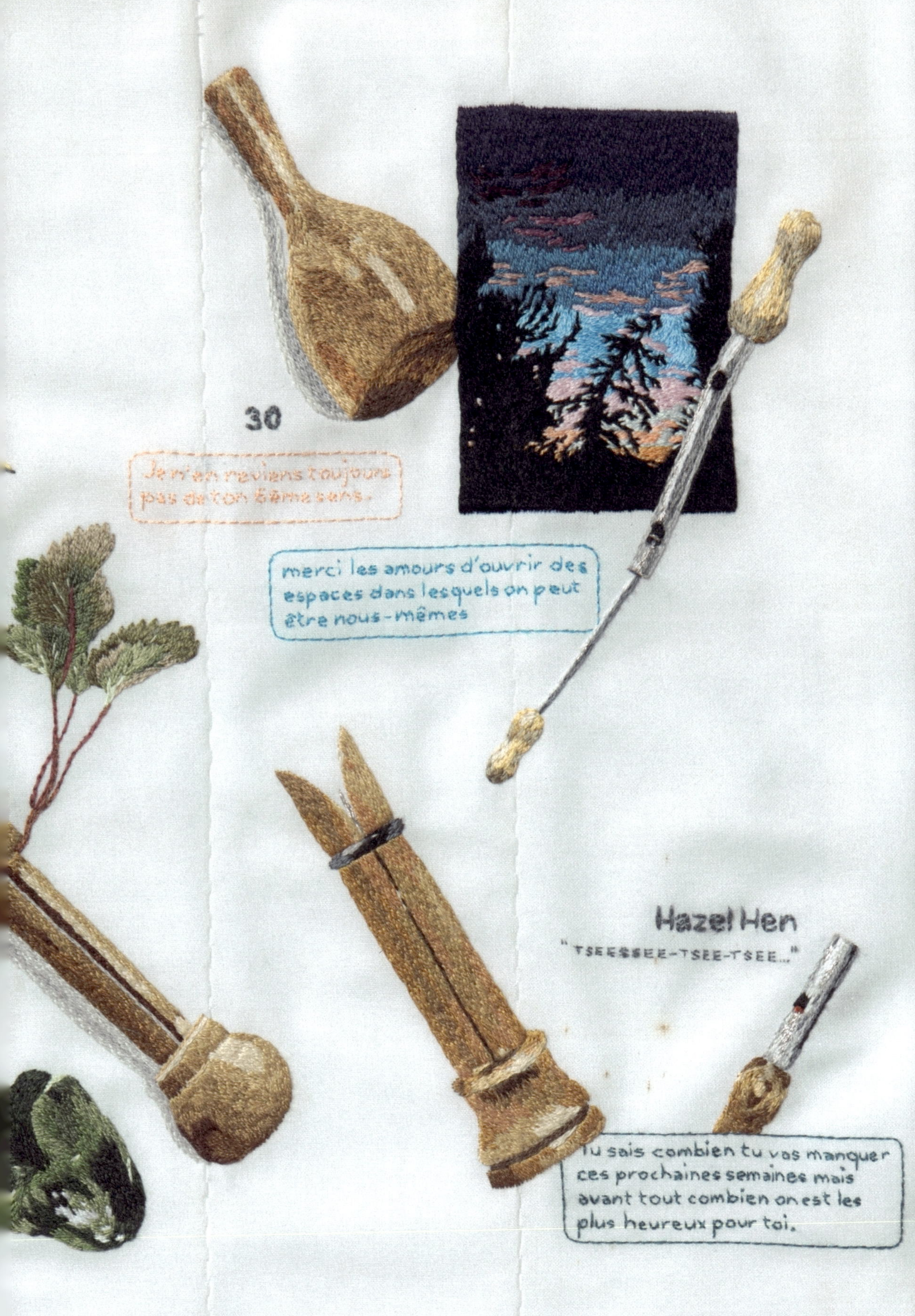
30
Je n'en reviens toujours
pas de ton 6ème sens.
merci les amours d'ouvrir des
espaces dans lesquels on peut
être nous-mêmes
Hazel Hen
"TSEESSEE-TSEE-TSEE..."
Tu sais combien tu vas manquer
ces prochaines semaines mais
avant tout combien on est les
plus heureux pour toi.

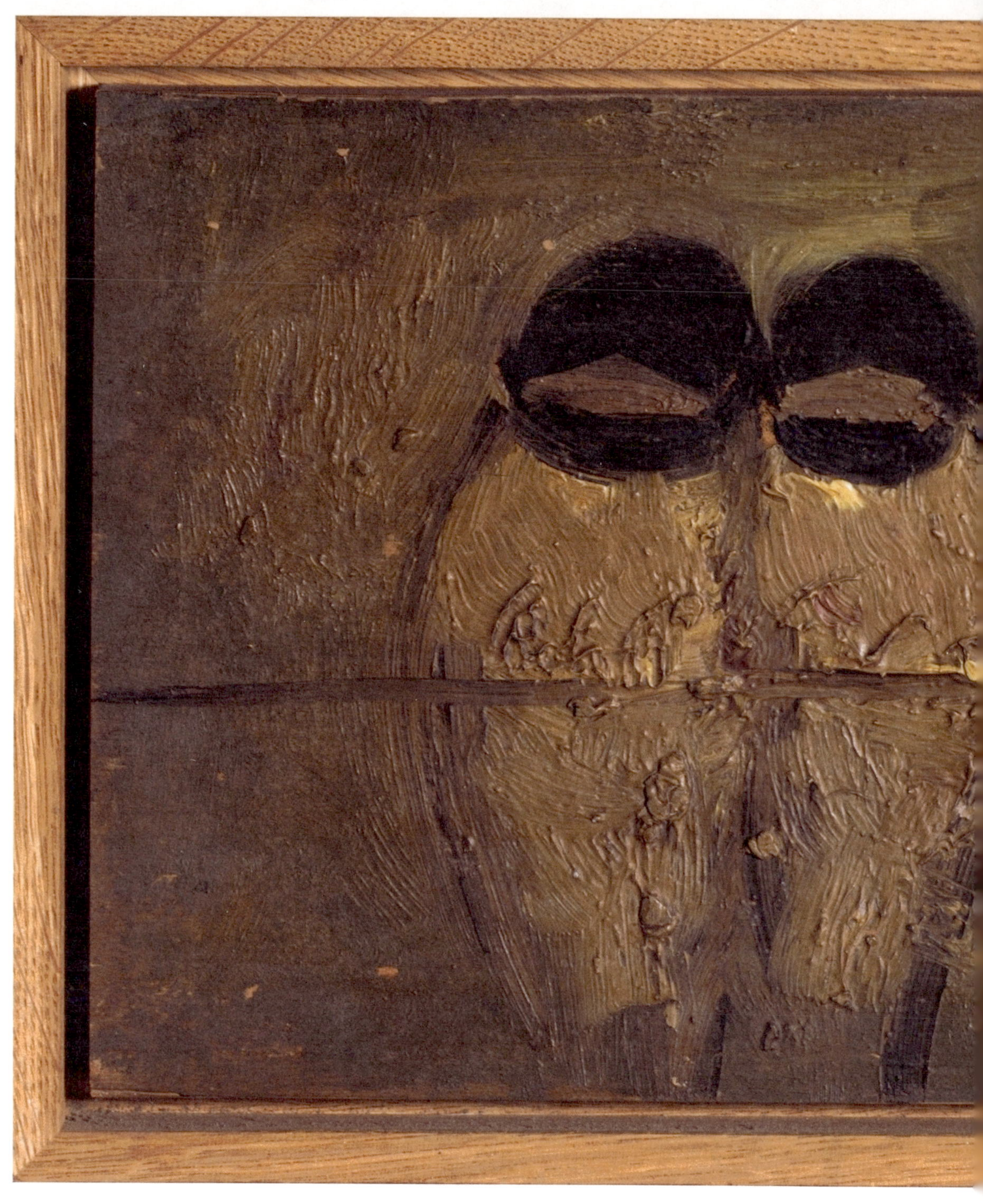

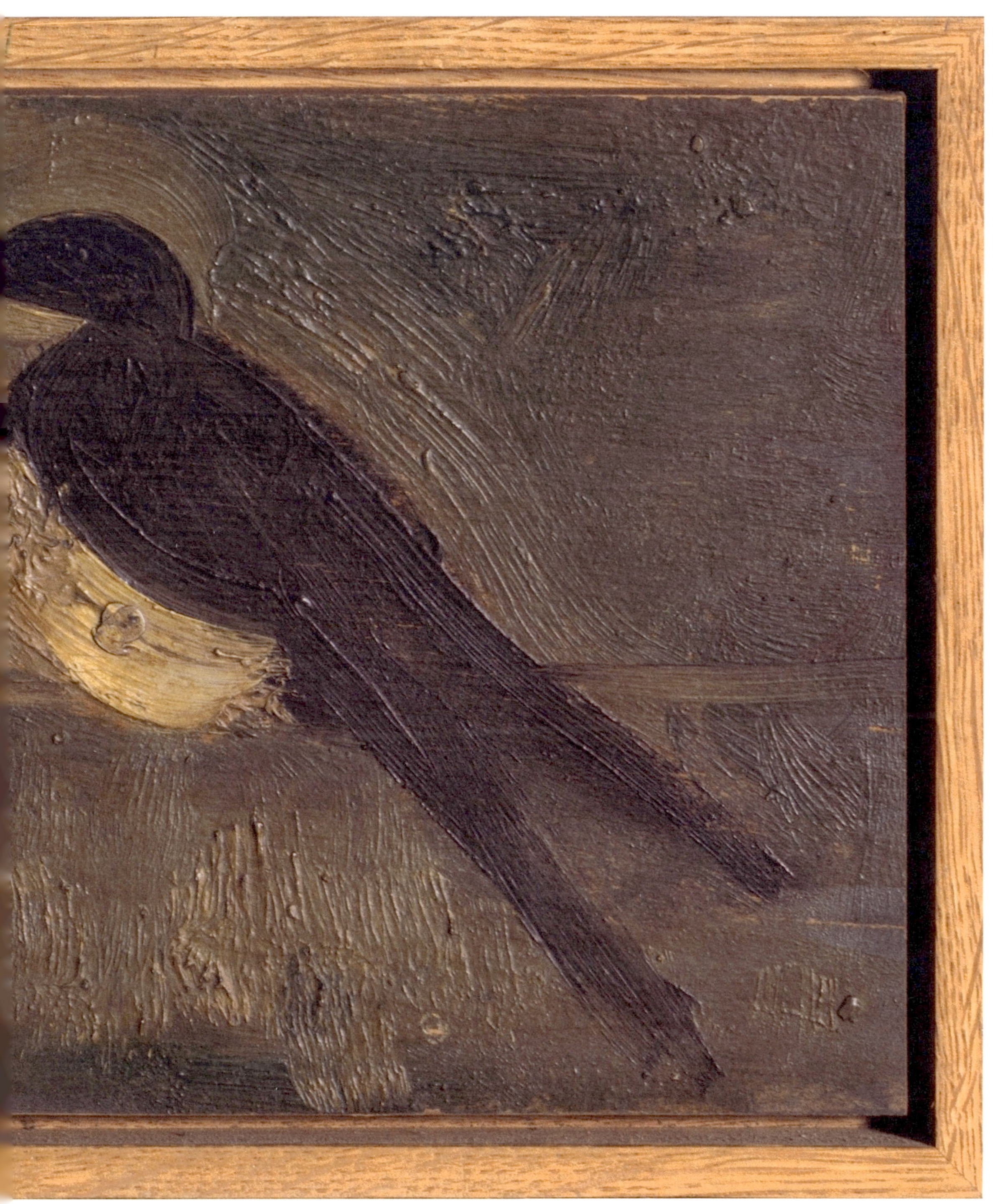

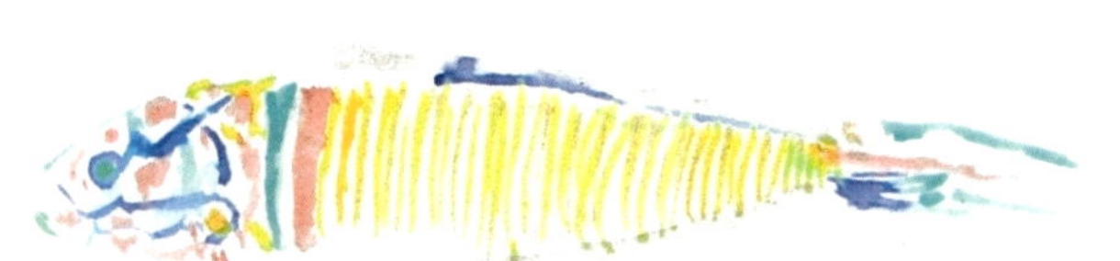

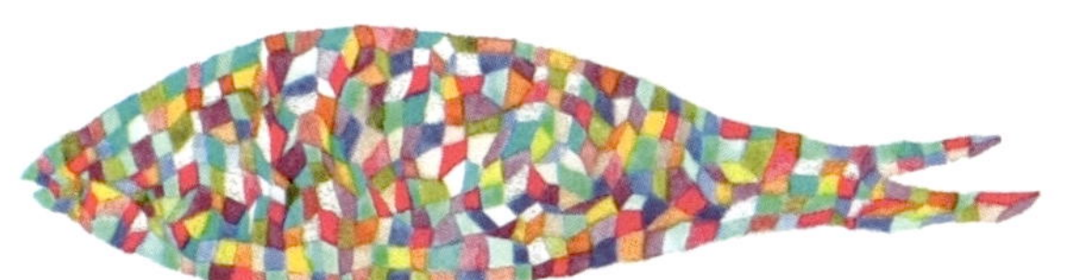

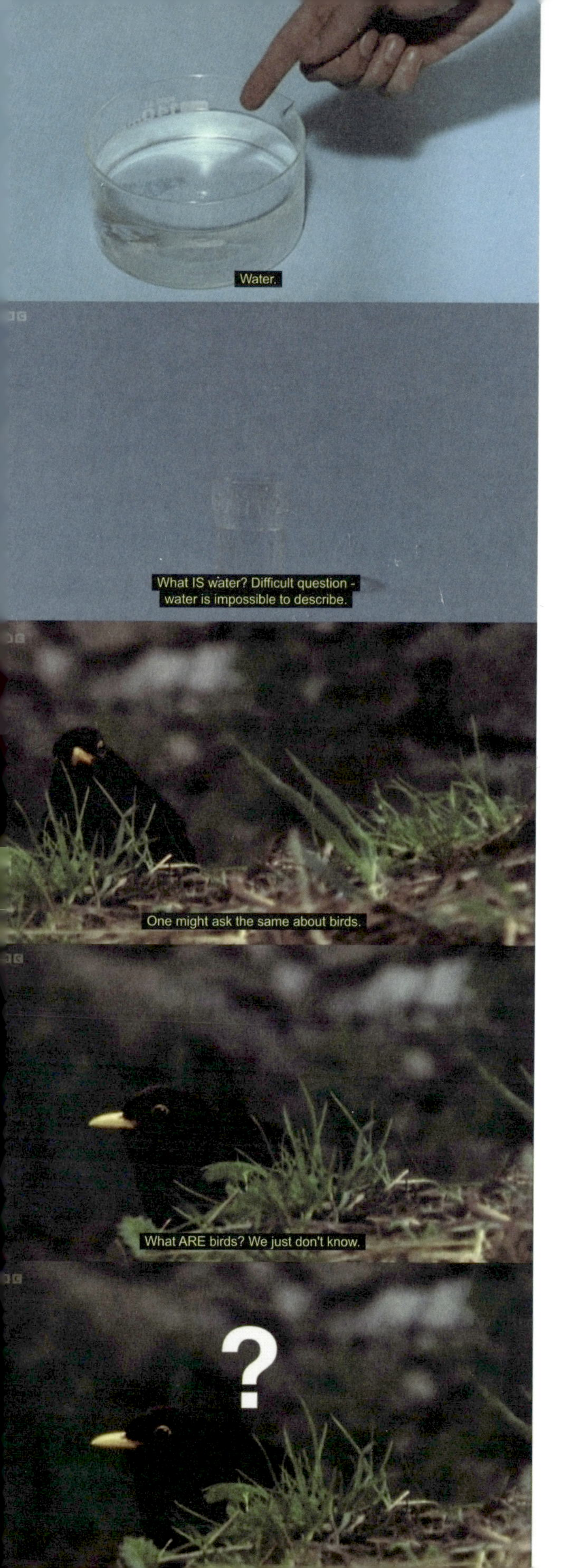
Water.
What IS water? Difficult question -
water is impossible to describe.
One might ask the same about birds.
What ARE birds? We just don't know.
?

I MADE THIS FONT FOR YOU WITH THOMAS

SOMEWHERE A DECADE AGO SOMEONE TOLD ME MY HANDWRITING LOOKS LIKE A BIRD THAT STEPPED IN INK. I WOULD HAVE CALLED THE FONT TALONS, BUT THOMAS CALLED IT INK_BEAKS FOR YOU. IT'S MADE FROM MY HANDWRITING AND CAN ONLY DISPLAY IN CAPITALS AND MISSES SOME PUNCTUATION MARKS.

THE QUICK BROWN FOX JUMPS OVER THE LAZY DOG
PACK MY BOX WITH FIVE DOZEN LIQUOR JUGS
HOW RAZORBACK JUMPING FROGS CAN LEVEL SIX PIQUED GYMNASTS
JACKDAWS LOVE MY BIG SPHINX OF QUARTS

THE FONT SPARKED A DISAGREEMENT, QUITE UNEXPECTEDLY. LIKE A BIRD THAT SHITS ON YOU WHILE YOU'RE SPEEDING DOWN RUE DE BELLEVILLE ON YOUR BICYCLE AT 30 KM PER HOUR.

AS CARRY BRADSHAW WOULD SAY, I COULDN'T HELP BUT WONDER, JUST WHAT MADE THIS BIRD CHOOSE ME OUT OF ALL THAT SPACE IN THE SKY?

APPARENTLY I LACKED UNDERSTANDING OF WHAT IT TAKES TO MAKE A FONT. WAS ALL THIS WORK WORTH IT FOR A ONE-TIME USE? I THOUGHT MORE ABOUT THE SENTIMENT OF DOING IT FOR ME, AND YOU. AFTER ALL MY SECOND LOVE LANGUAGE IS ACTS OF SERVICE. THE FIRST ONE IS QUALITY TIME. THOMAS IS PHYSICAL TOUCH.

I HAD BIRDS GROWING UP. FIRST EURASIAN CHAFFINCH'S IN A LARGE ANTIQUE METAL CAGE IN OUR LIVING ROOM. MY MOM HAD THE CAGE SPECIALLY MADE FOR HER QUIRKY HOUSE THAT I WAS EMBARRASSED ABOUT. MY CATS KEPT SNEAKING UP ON THE FINCH'S WITH VIOLENT INTIMIDATIONS ULTIMATELY RESULTING IN IMMEDIATE DEATH BY FRIGHT.

AND THEN THERE WAS SAM. SAMANTHA, LIKE KIM CATTRALL IN SEX AND THE CITY. SAMMY, WE MOSTLY CALLED HER. WHAT A FEISTY BITCH. A PEACHY PINK MALAKAND COCKATOO, LIKE THE ONE IGGY POP HAS. SHE IS 23 NOW. STROKING HER IN SMALL CIRCULAR MOVEMENTS UNDER HER WINGS LEAVES AN UNSETTLING WHITE POWDERY RESIDUE BEHIND ON YOUR FINGERS.

WHEN I FIRST SAW YOUR WORK, I COULD HEAR THE SCREECHING BIRD SOUNDS FROM MONUMENT VALLEY.

IN MY TEEN STONER ERA, I BINGE WATCHED BBC'S LOOK AROUND YOU. IT'S A KIND OF PSEUDO-SCIENTIFIC EDUCATIONAL PARODY SERIES THAT MIMI THE STYLE OF 1970'S AND 1980'S SCHOOL SCIENCE PROGRAMS. WHEN YOU INVITED ME AS A COLLABORATOR I REMEMBERED BBC'S LOOK AROUND YOU SERIES 1:1. WATER

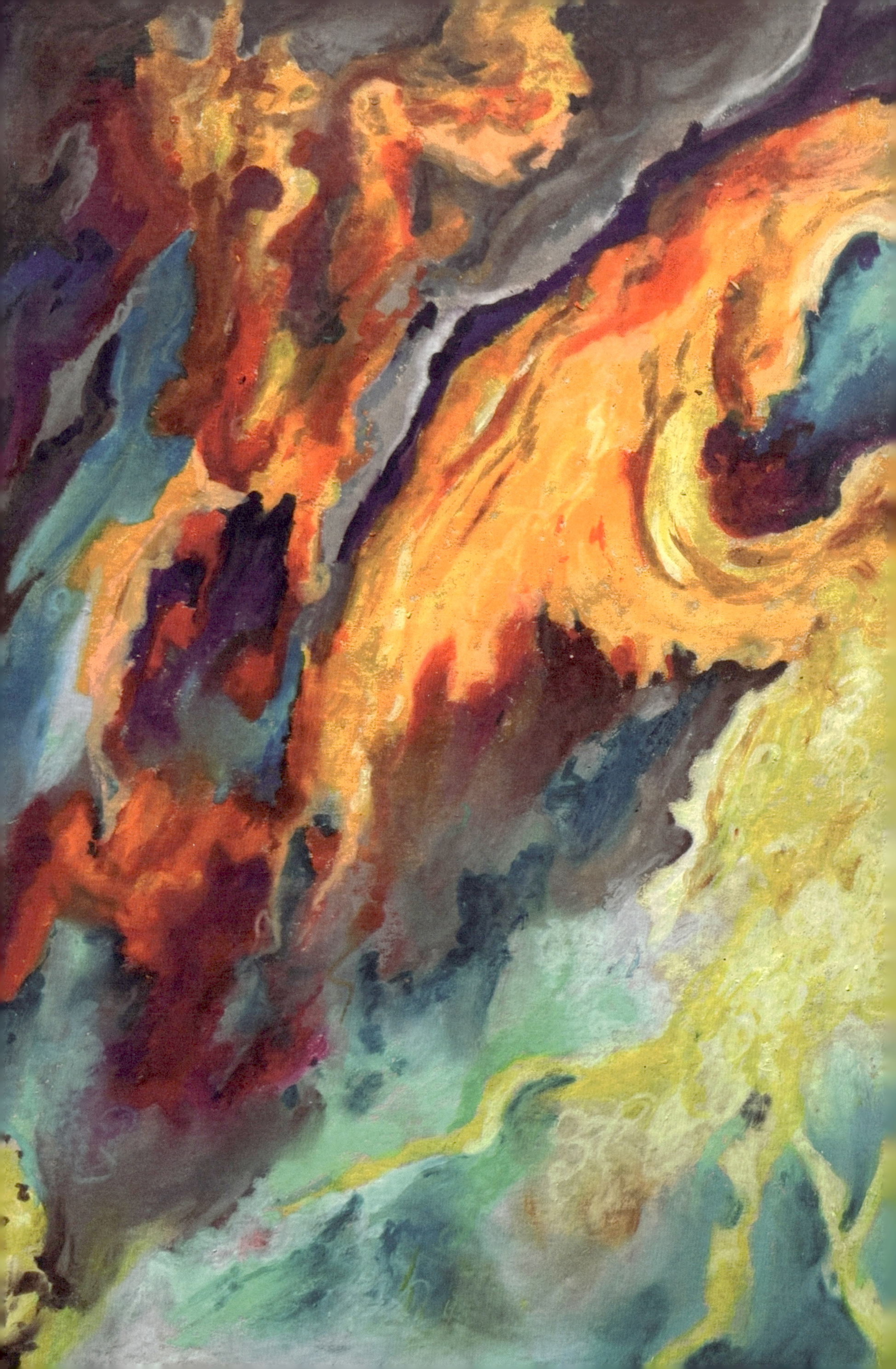

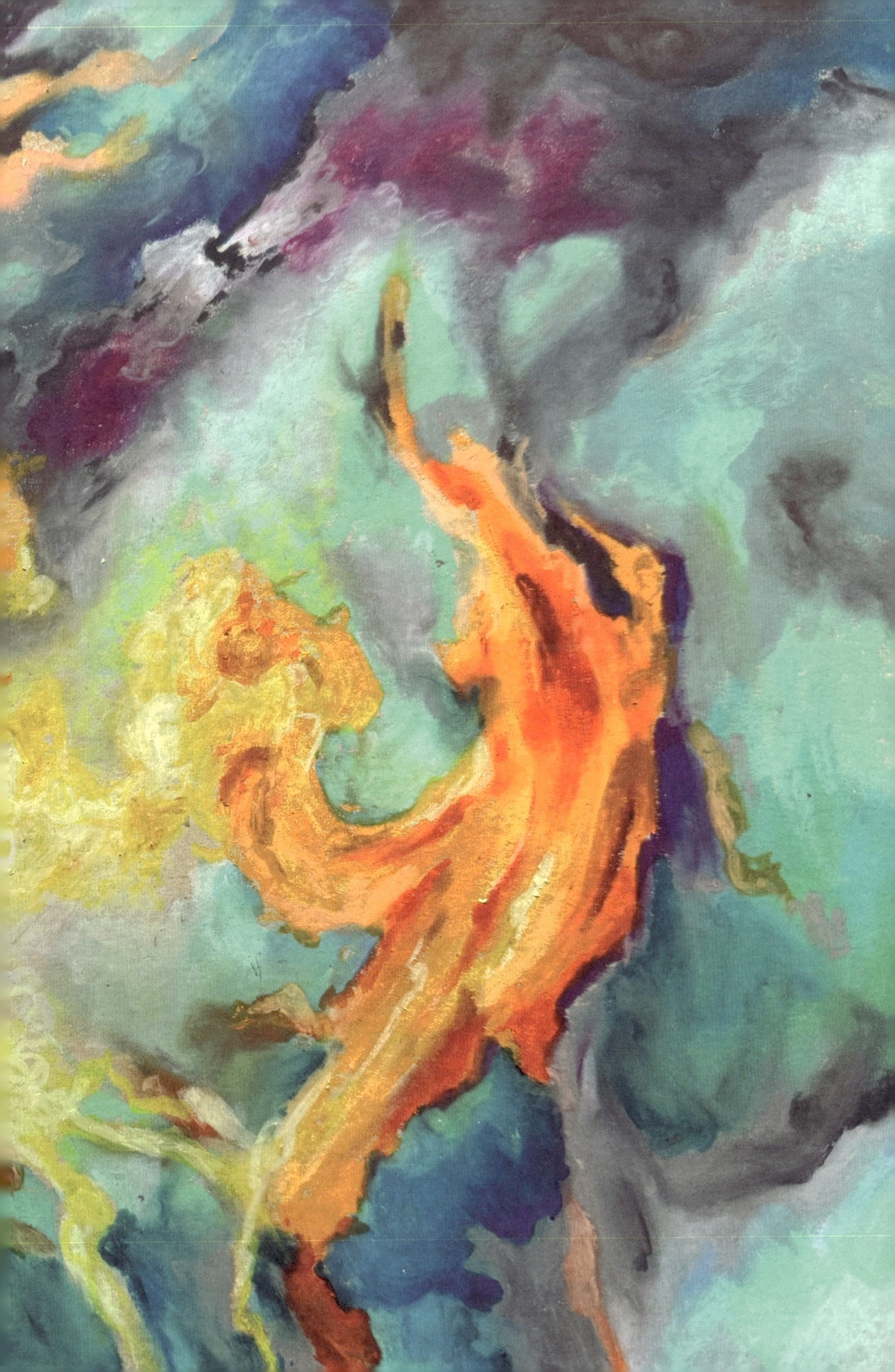

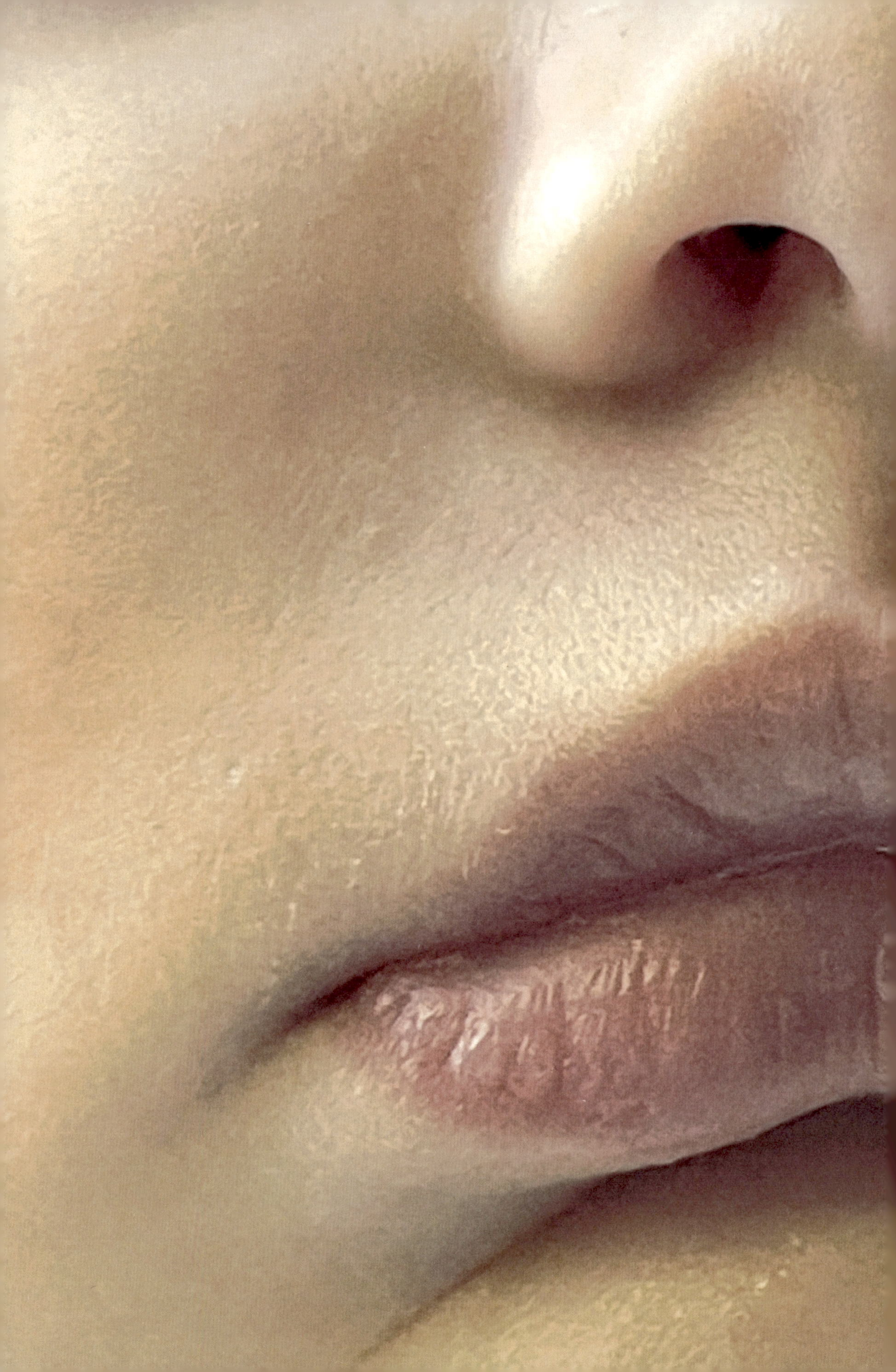

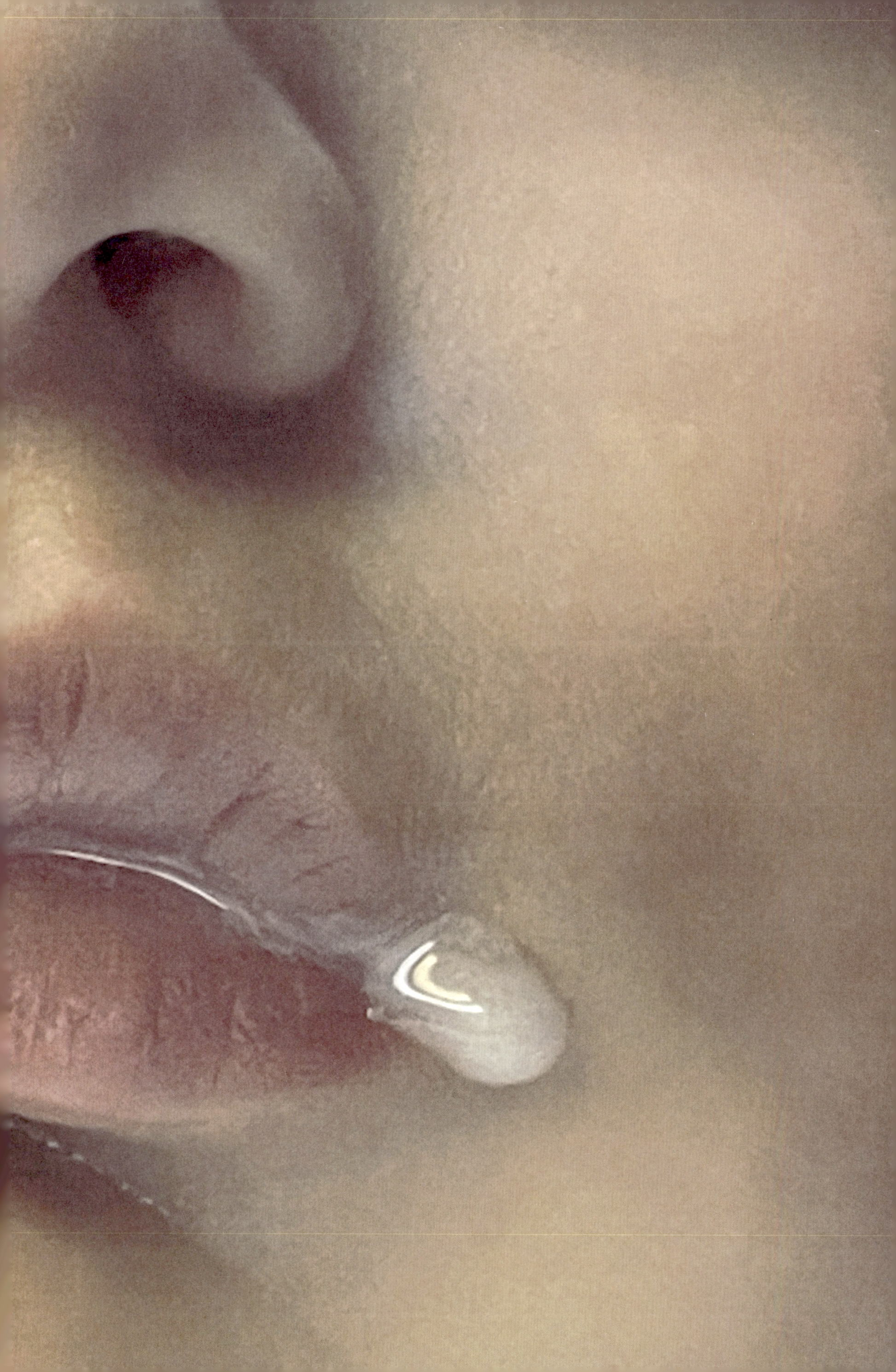

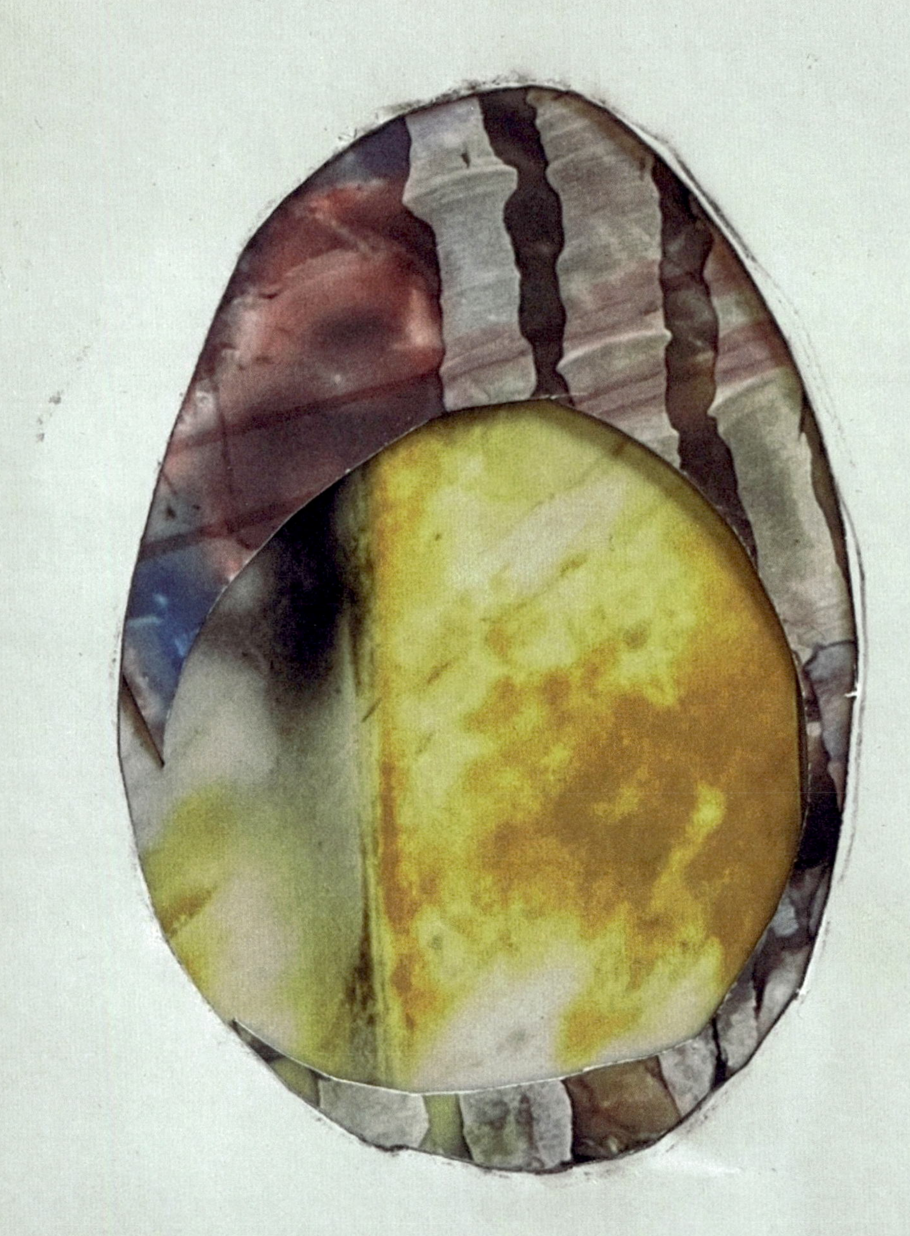

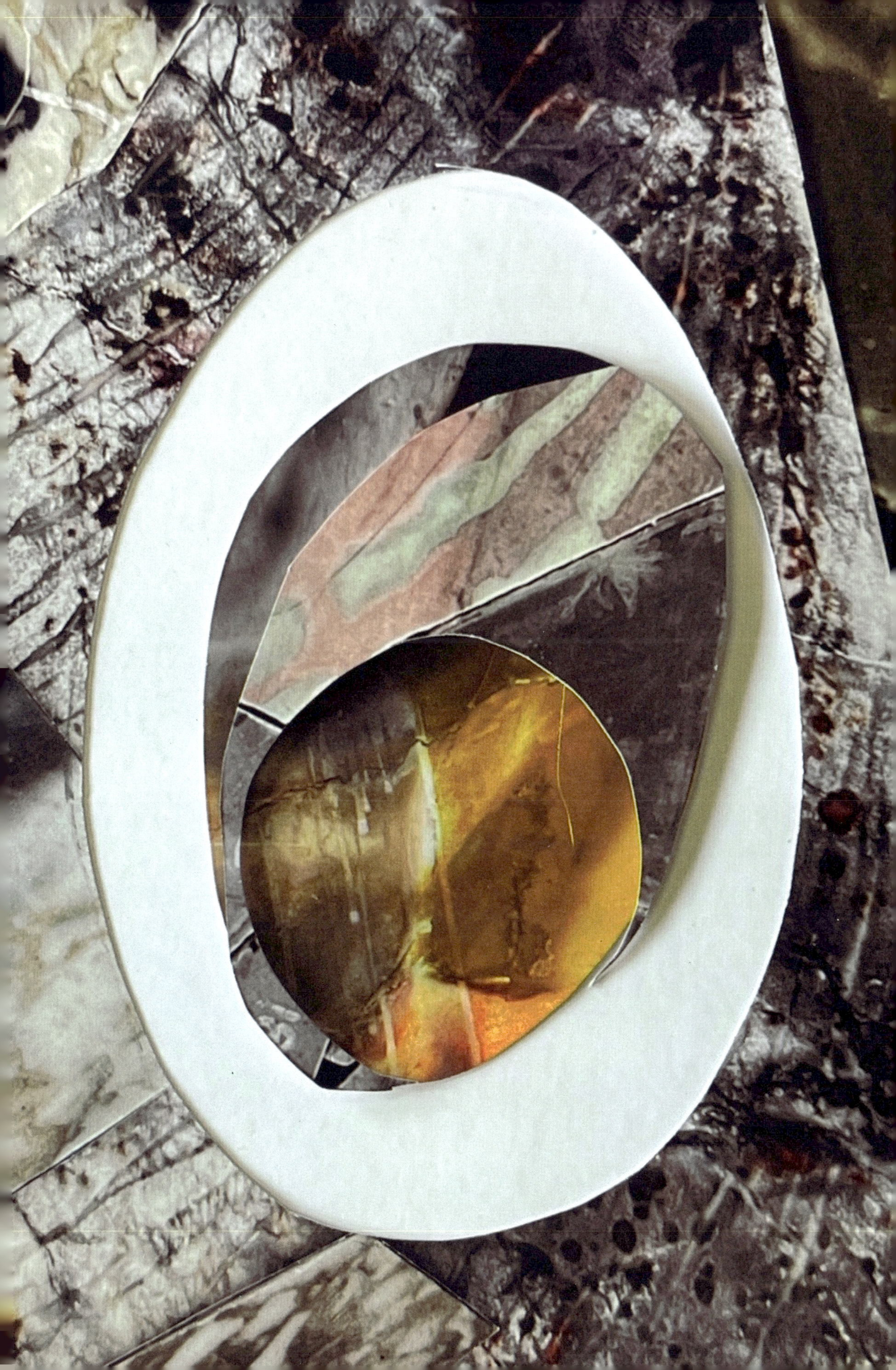

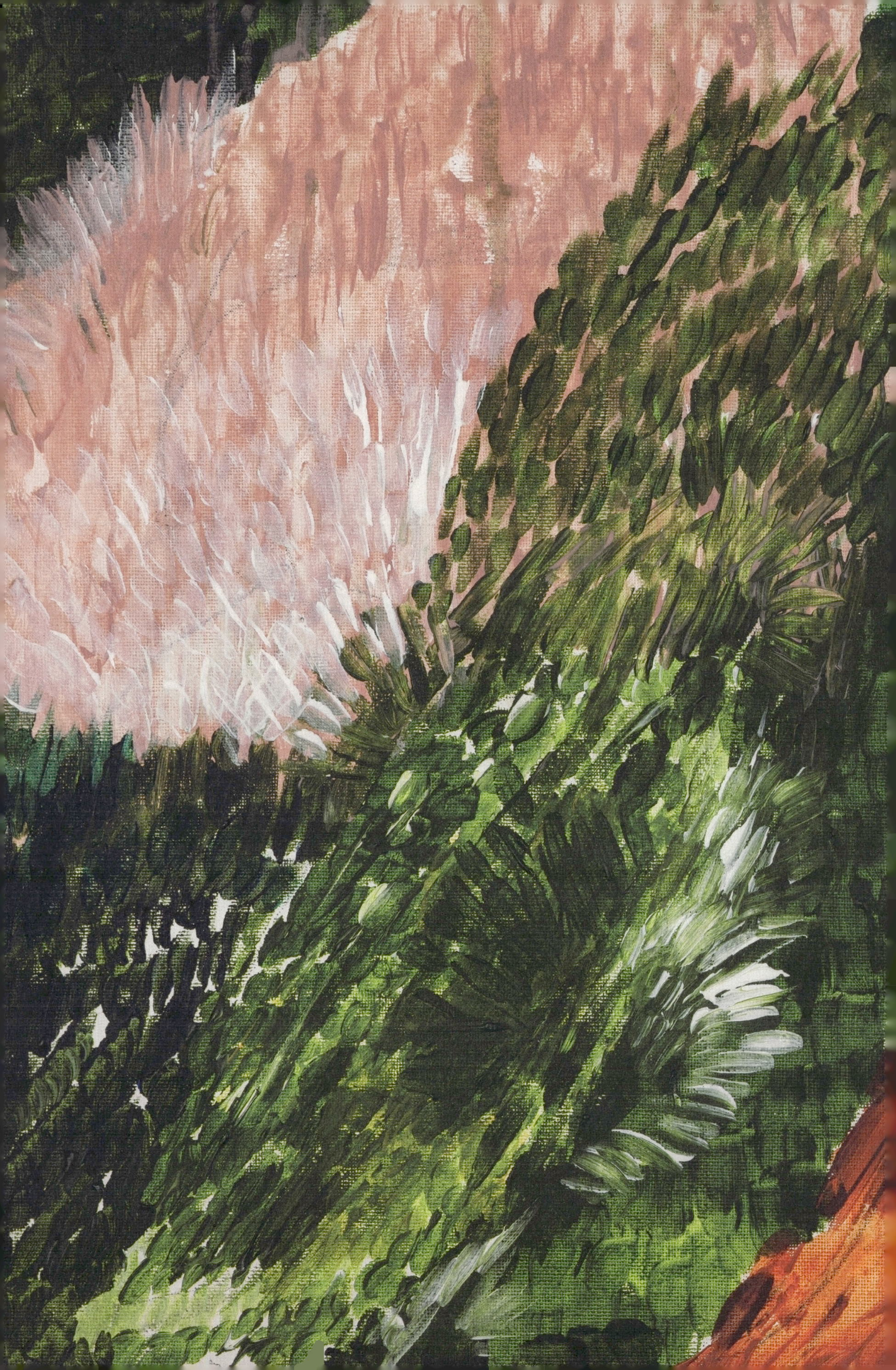

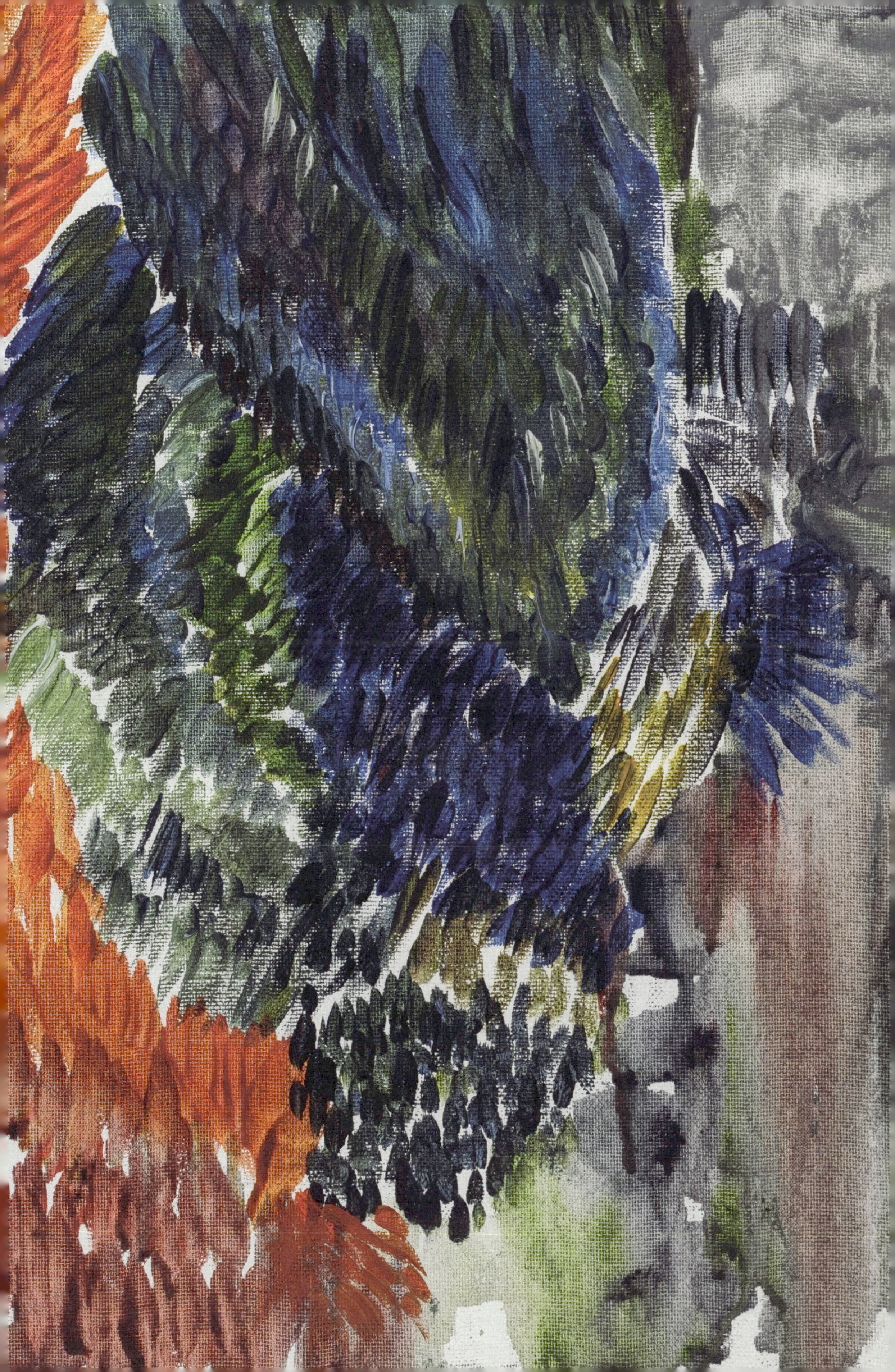

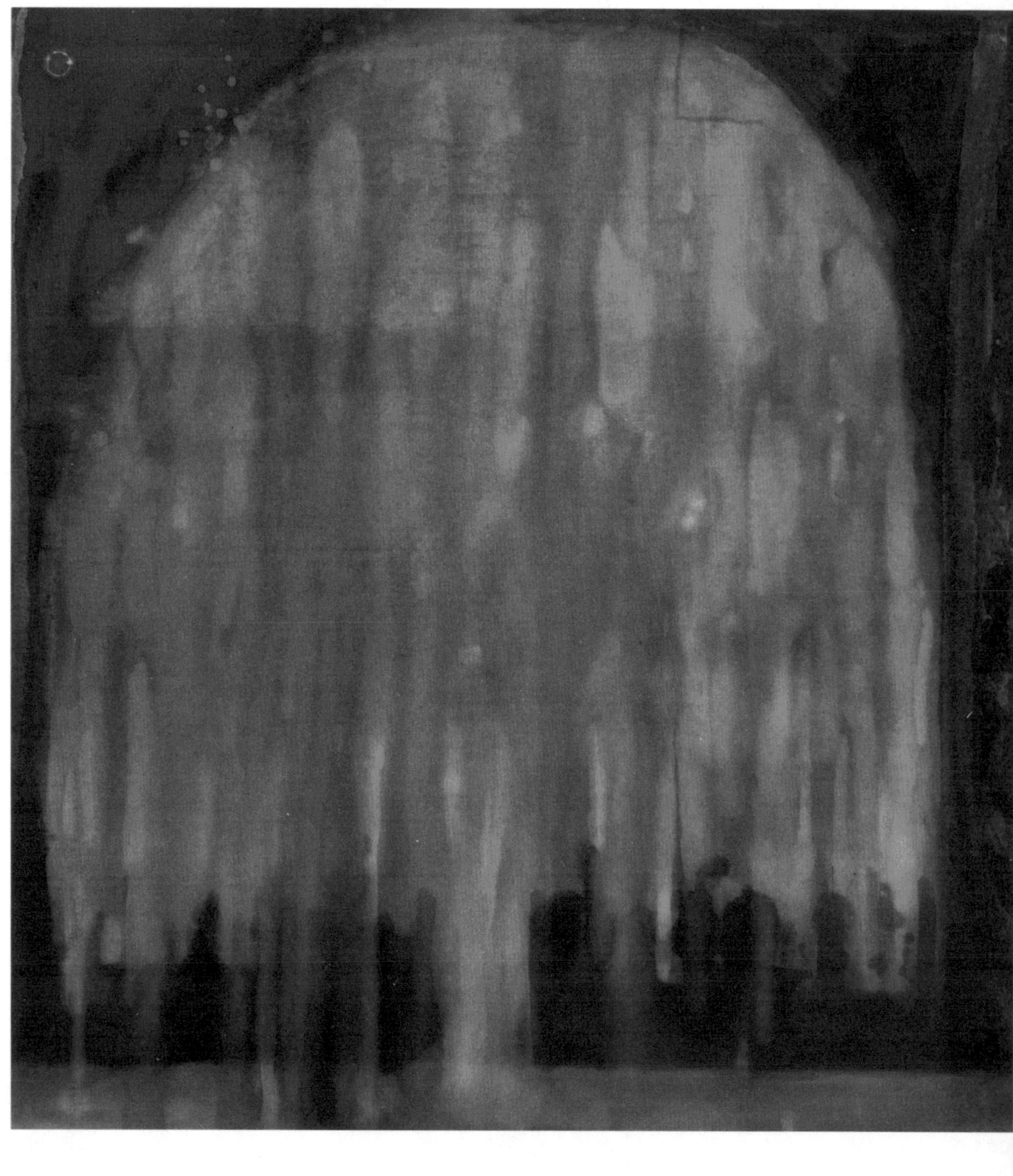

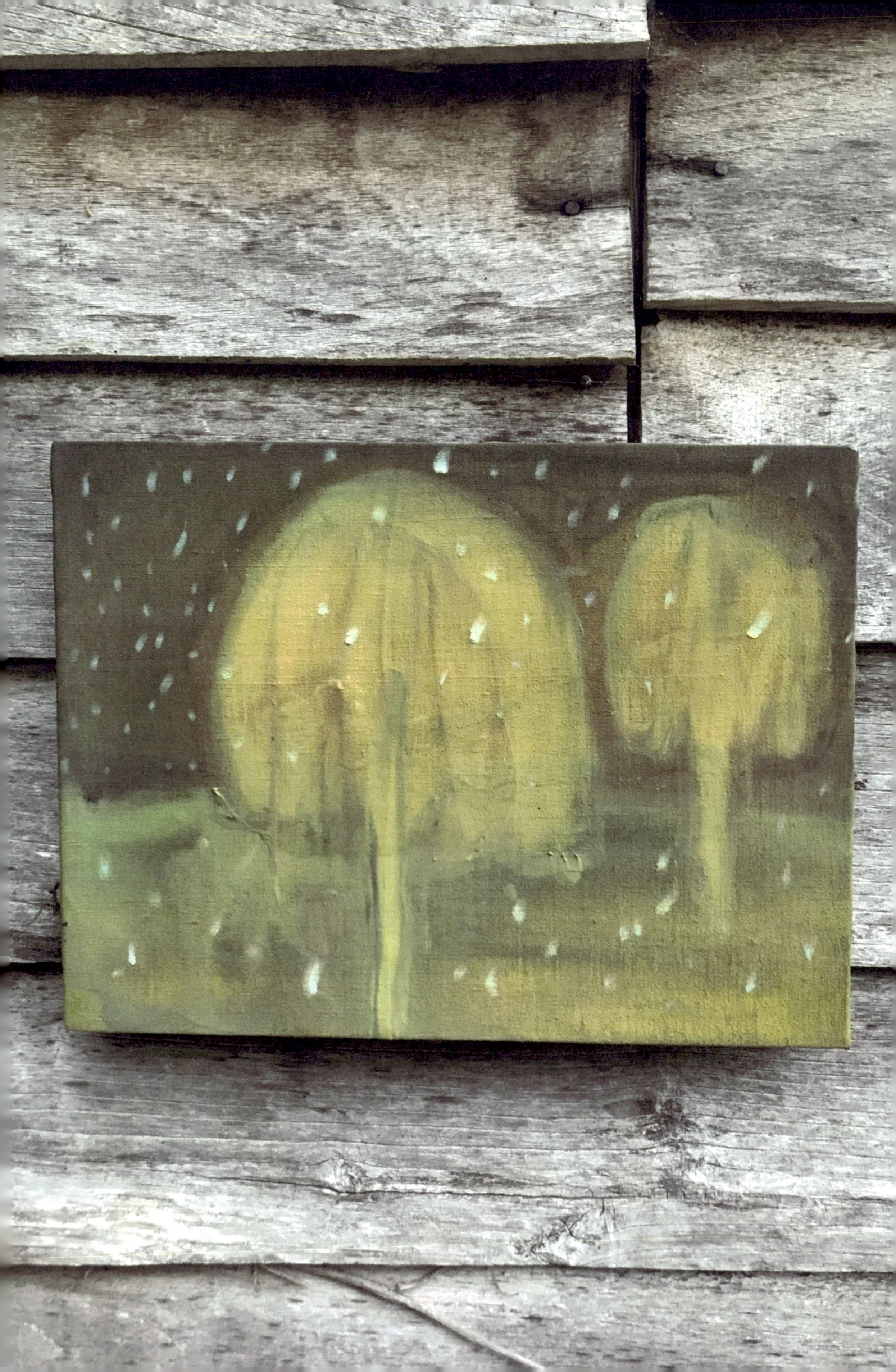

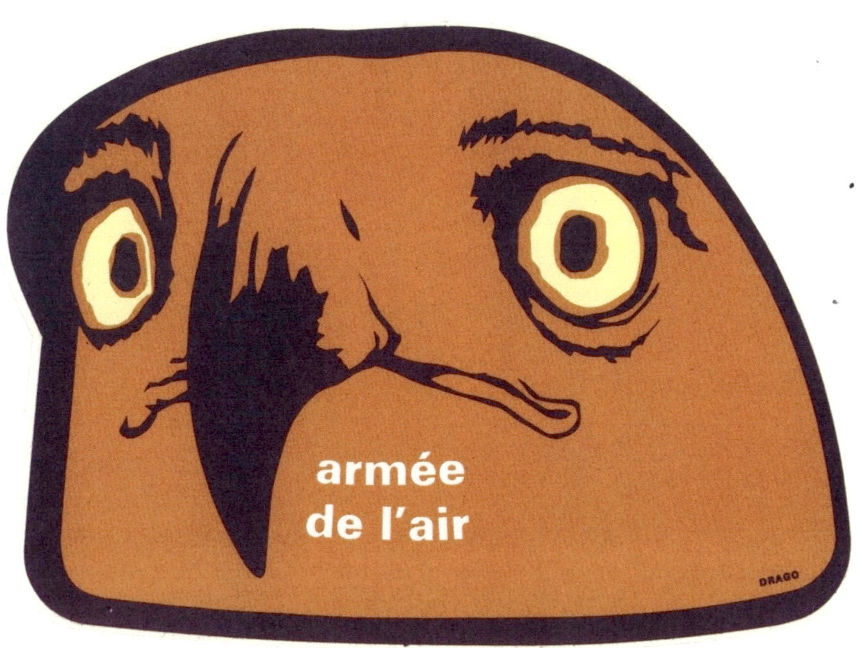
armée
de l'air
DRAGO

Murmurations des étourneaux et autre spectaculaire envol

Il est des oiseaux de bonne augure. L'année dernière, il a fallu que j'imagine une espèce précise se susurrer à l'oreille des instructions délicates. « À gauche toute ! Demi-tour, droite ! ». J'ai aimé les voir comme un bataillon militaire agile et impétueux, doté d'une sensibilité prodigieuse et d'une écoute hors du commun. J'ai aimé les penser par milliers, parfois par millions, dessinant leurs volutes dans les cieux crépusculaires et rougeoyants. J'ai aimé m'attendrir de leur ronde colossale, dense, dont les mouvements sont si véloces et vaporeux qu'ils semblent provenir d'une chorégraphie précise, dictée par un maître de ballet invisible et tout-puissant.

Les étourneaux — puisqu'il s'agit d'eux — et leur murmuration, fascinant bourdonnement silencieux, envoûtante valse furieuse, bal sans cesse rejoué, des heures durant au coucher du soleil. Les étourneaux — petits oiseaux fragiles, cent grammes à peine — changeant de direction en un quart de seconde, tournoyant en vaste nuée. Les étourneaux — si doux, si beau —, rigoureusement synchrones, ne faisant plus qu'un. Les étourneaux, tombant d'un seul coup, comme étourdis par tant de beauté collective, dans les arbres qui leur servent de dortoirs. Rideau. Tonnerre d'applaudissements.

L'année dernière, j'ai aimé me pencher sur ce spectacle d'une poésie folle au moment où dans ma vie justement, on me susurrait à l'oreilles des instructions délicates et inédites. « À gauche, là, oui, doucement ». Au moment où un bataillon de sentiments et de sensations, agiles et impétueuses, sensibilité prodigieuse et écoute hors du commun, se précipitait dans mon lit. Au moment où j'ai dessiné, par milliers, millions sans doute, de nouvelles volutes dans des cieux crépusculaires et rougeoyants. Au moment où j'ai pensé qu'un maître de ballet invisible et tout-puissant avait imaginé pour moi une chorégraphie précise, une ronde colossale et dense par sa soudaineté, pleine de mouvements véloces et vaporeux, libérée de tous les carcans dont je m'étais moi-même affublée.

Elle, moi et nos murmurations — puisqu'il s'agit de cela—, fascinant bourdonnement silencieux, envoûtante valse furieuse, bal sans cesse rejoué, des heures durant à tout moment de la journée. Elle, moi et nos murmurations — petits oiseaux fragiles — changement de cap, vaste nuée tournoyante, esprit délicieusement embrumé. Elle et moi —douces et belles —, rigoureusement synchrones, ne faisant plus qu'une. Elle et moi, tombant d'un seul coup, comme étourdies de tant de beauté collective, dans nos draps dortoirs perchés. Rideau. Tonnerre galvanisant.

Dans cette histoire personne ne piaille. Les rouages de la coordination parfaite de ces étranges farandoles — comment se fait-il qu'aucun ne se cogne, trébuche ou fasse un faux mouvement ? — sont longtemps restés un mystère. Pour les étourneaux, on sait désormais qu'il n'est pas question de langage, ni d'indications chantées, ni même de la présence d'un grand chef ordonnateur, menant sa colonie à la baguette. Pour elle et moi, on sait désormais qu'il a été question de langage, de chants de sirène irrésistibles, et de la présence d'un grand désir ordonnateur, menant une audace déclaration à la baguette. En physique, on appelle cela une attraction naturelle. En amour, on évite de l'appeler, on s'attire, naturellement.

La beauté pure des étourneaux murmurant a fait naître des questions en cascades chez un prix nobel italien, Giorgio Parisi. Il a scruté, observé. Figer une murmuration de plusieurs milliers d'oiseaux et en décortiquer chacun des soubresauts, une gageure. Il a fallu des jours et des jours, et une installation sur les toits romains pour obtenir des images tridimensionnelles de la nuée miraculeuse. La beauté pure des tourterelles se murmurant leur bonheur n'a fait naître aucune question chez aucun prix Nobel, fut-il italien. Elles ont pourtant été scrutées, observées — la littérature et ses poétesses ont tenté. Figer le frisson d'une murmuration de deux amantes et en décortiquer chacun des soubresauts, une gageure. Nulle installation n'immortalise la nuée miraculeuse.

Revenons à nos oiseaux. Avec un « arsenal d'analyses statistiques, de probabilités, d'algorithmes mathématiques sophistiqués » et beaucoup de patience, les chercheurs ont élucidé le mystère des murmurations. Il est question pour chacun des étourneaux d'établir une grande distance avec celui qui vole devant ou derrière lui, mais de maintenir à proximité immédiate ses voisins. En clair, un étourneau agit en fonction de ses cinq ou sept plus proches congénères, leur emboîtant joyeusement le pas, faisant fi du reste du groupe. Et l'ensemble, constitué des milliers d'individus, tient miraculeusement la route. Des centaines de fois par minute.

En est-il de même pour elle et moi ? Est-il besoin d'un arsenal d'analyses statistiques, de probabilités, d'algorithmes mathématiques sophistiqués et de patience pour percer le mystère de nos murmurations ? Faut-il tenir à distance l'avant et l'après pour rester blotti ? En clair, agissons avec nos plus proches allié·es, emboîtons-nous le pas, faisons fi du groupe. Et l'ensemble, constitué de deux individues, tiendra miraculeusement la route. Des centaines de fois par minute.

L'ordre global qui règne dans un murmuration d'étourneaux est la chose la plus étonnante. « Si on peut prédire le comportement de trois étourneaux, on ne peut pas prévoir le phénomène créé par mille » , racontent les spécialistes. Le physicien américain Philip Warren Anderson a théorisé cela en 1972 avec une formule, « More is different ». Plus il y a d'entités, moins le comportement singulier s'applique à l'ensemble, qui pourtant paraît ordonné. Ce sont les lois du désordre : même le chaos répond à des règles physiques. « Dieu ne joue pas aux dés », disait Einstein. L'ordre global de nos murmurations communes est chose si peu étonnante, bien que notre comportement singulier ne s'applique à personne d'autre. Mais reprenons ce « More is different » : la cohorte est ici essentielle pour un désordre chaotique et joyeux, répondant à des règles physiques. Pour elle et moi non plus, « Dieu ne joue pas aux dés ».

Les étourneaux sont des milliers de danseurs étoiles à plumes ne percevant rien de leur exquis ballet, nous rendant presque mélancoliques. Elle et moi, danseuses étoiles à plumes, ne percevons rien de notre exquis ballet, nous rendant adorablement mélancoliques.

Julia Vergely

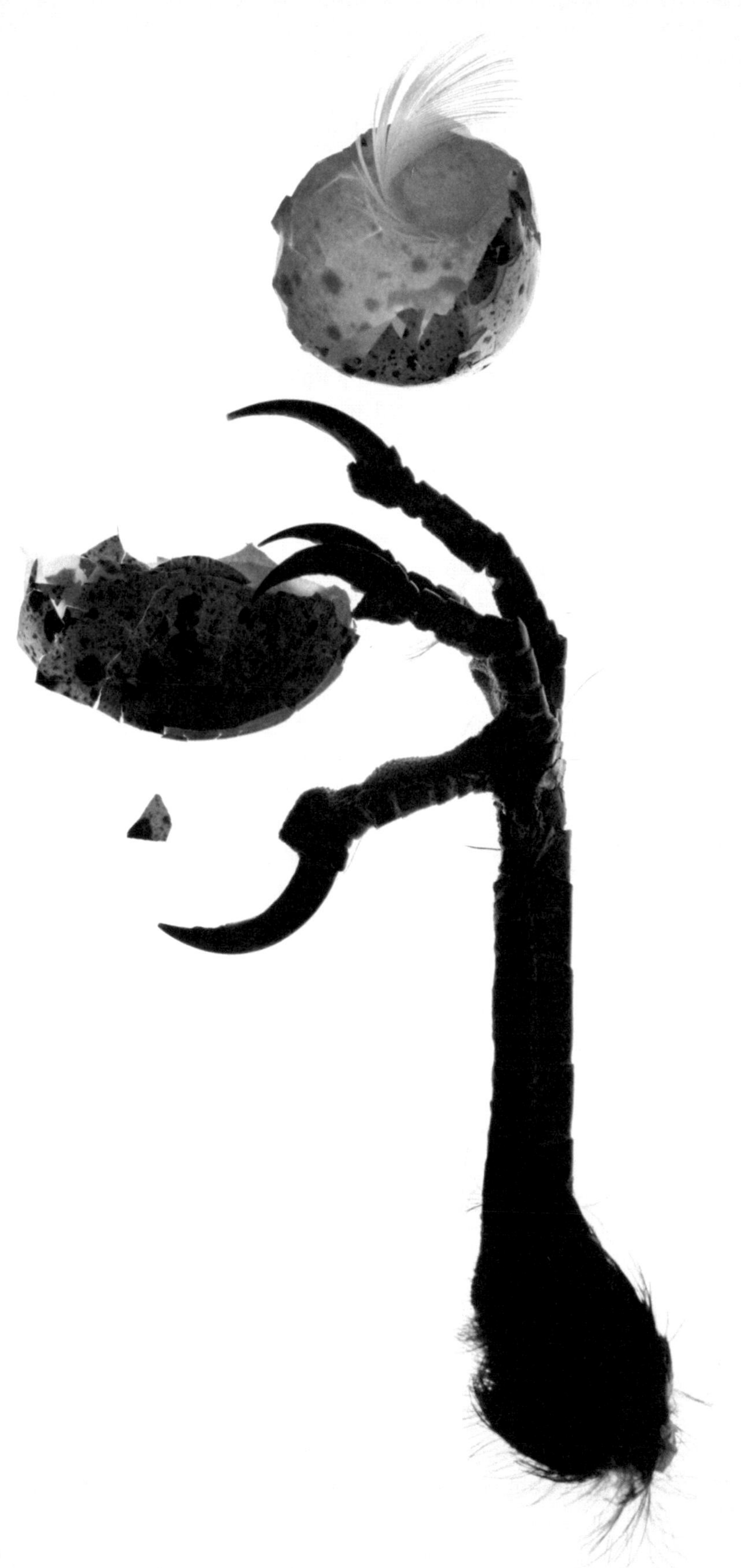

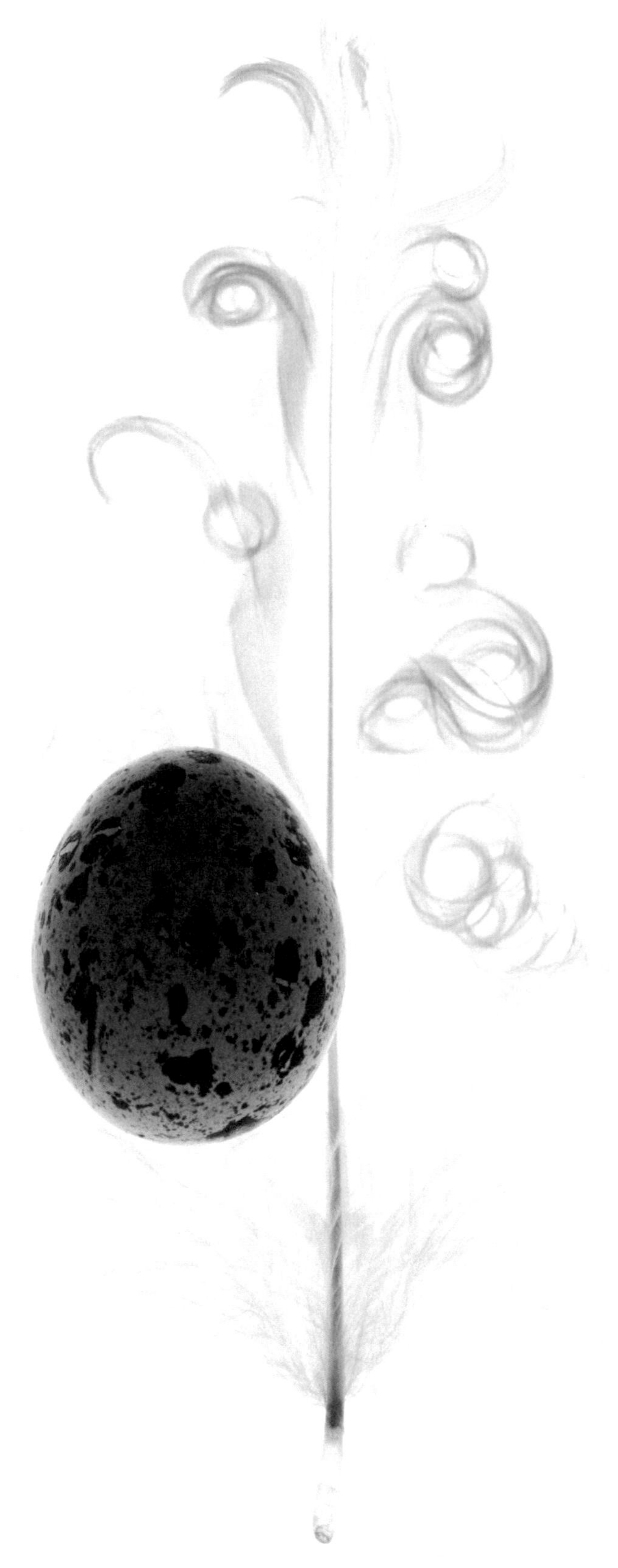

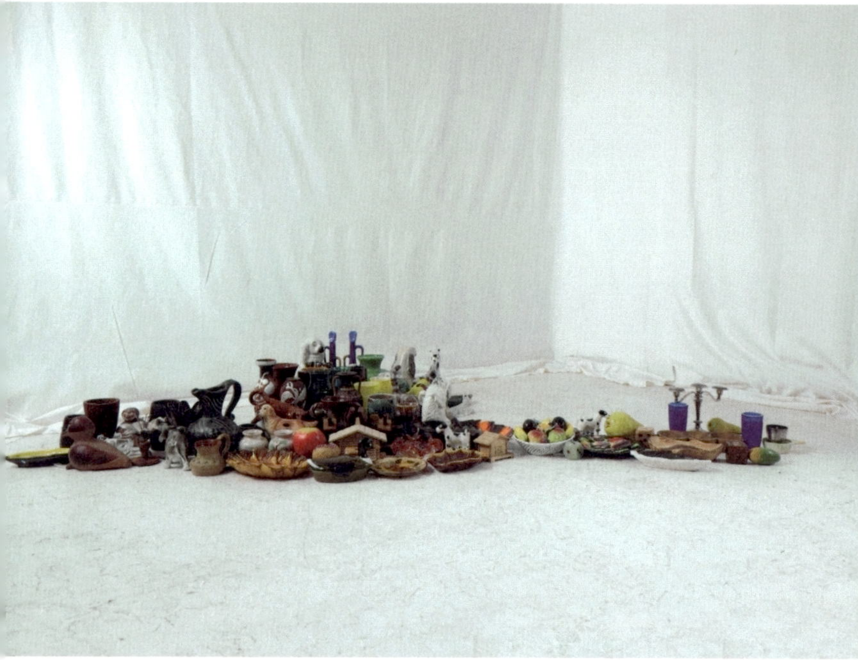

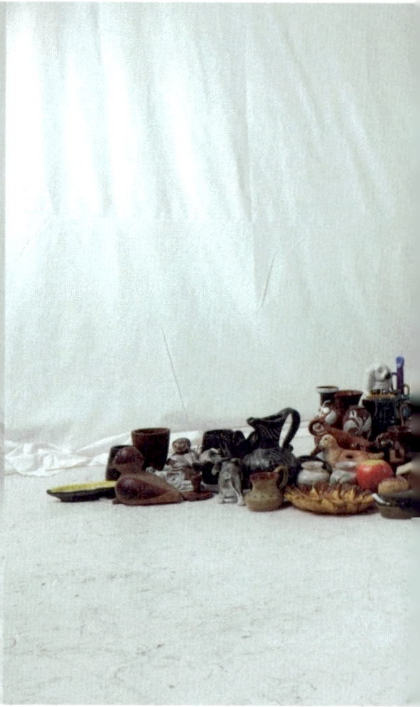

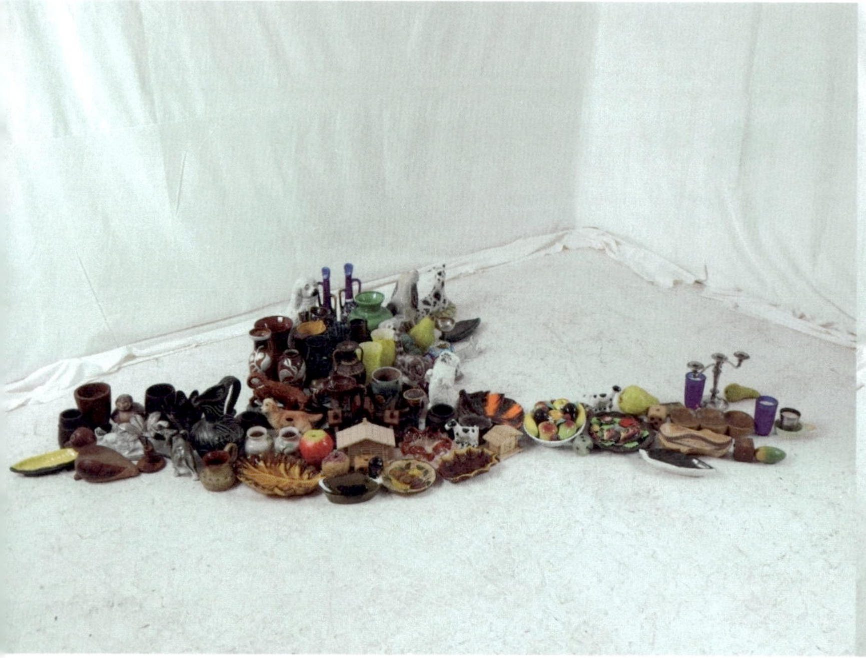

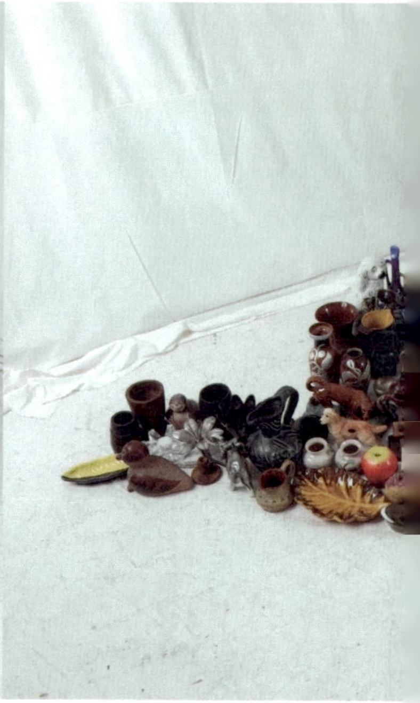

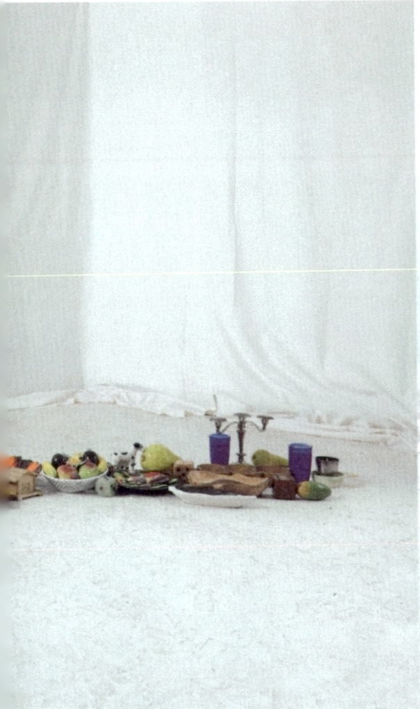

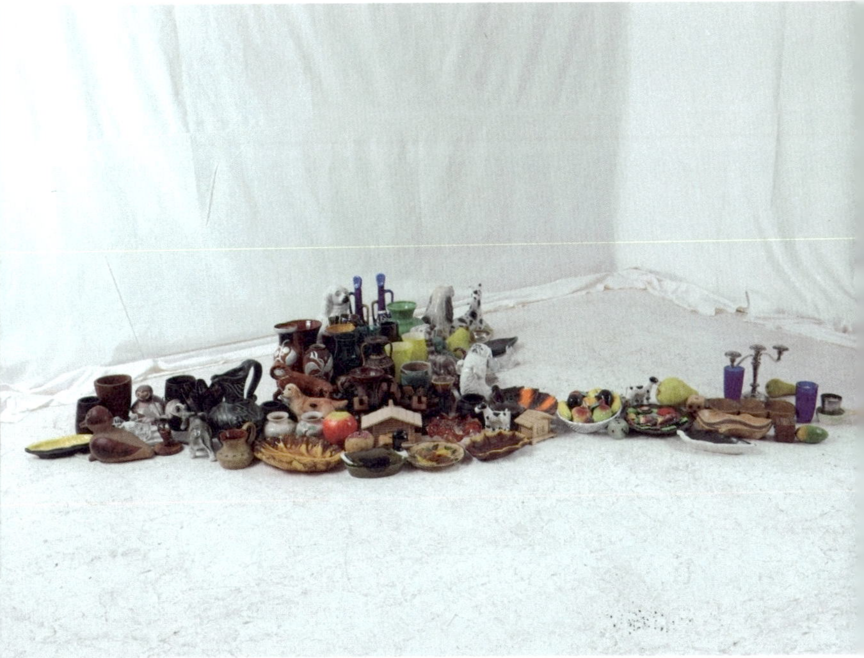

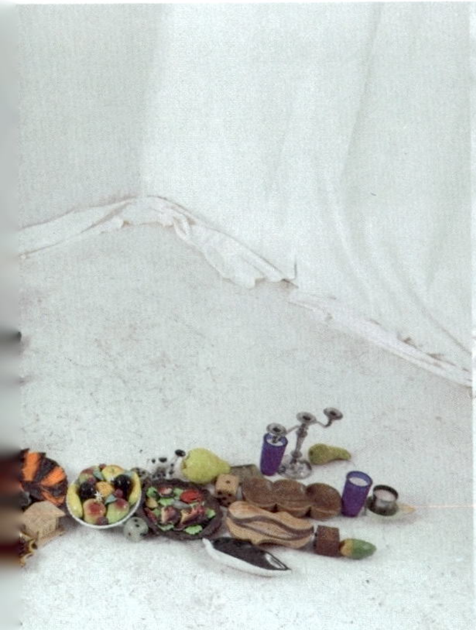

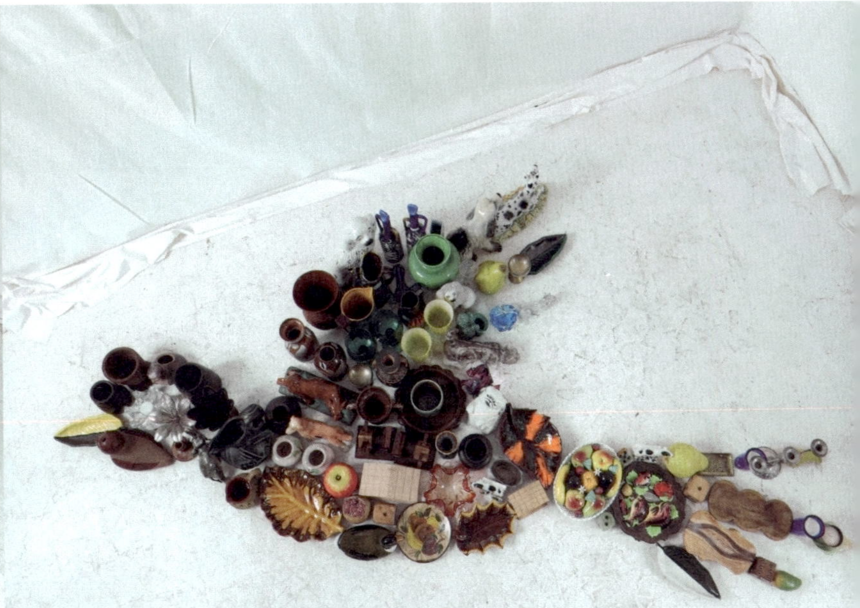

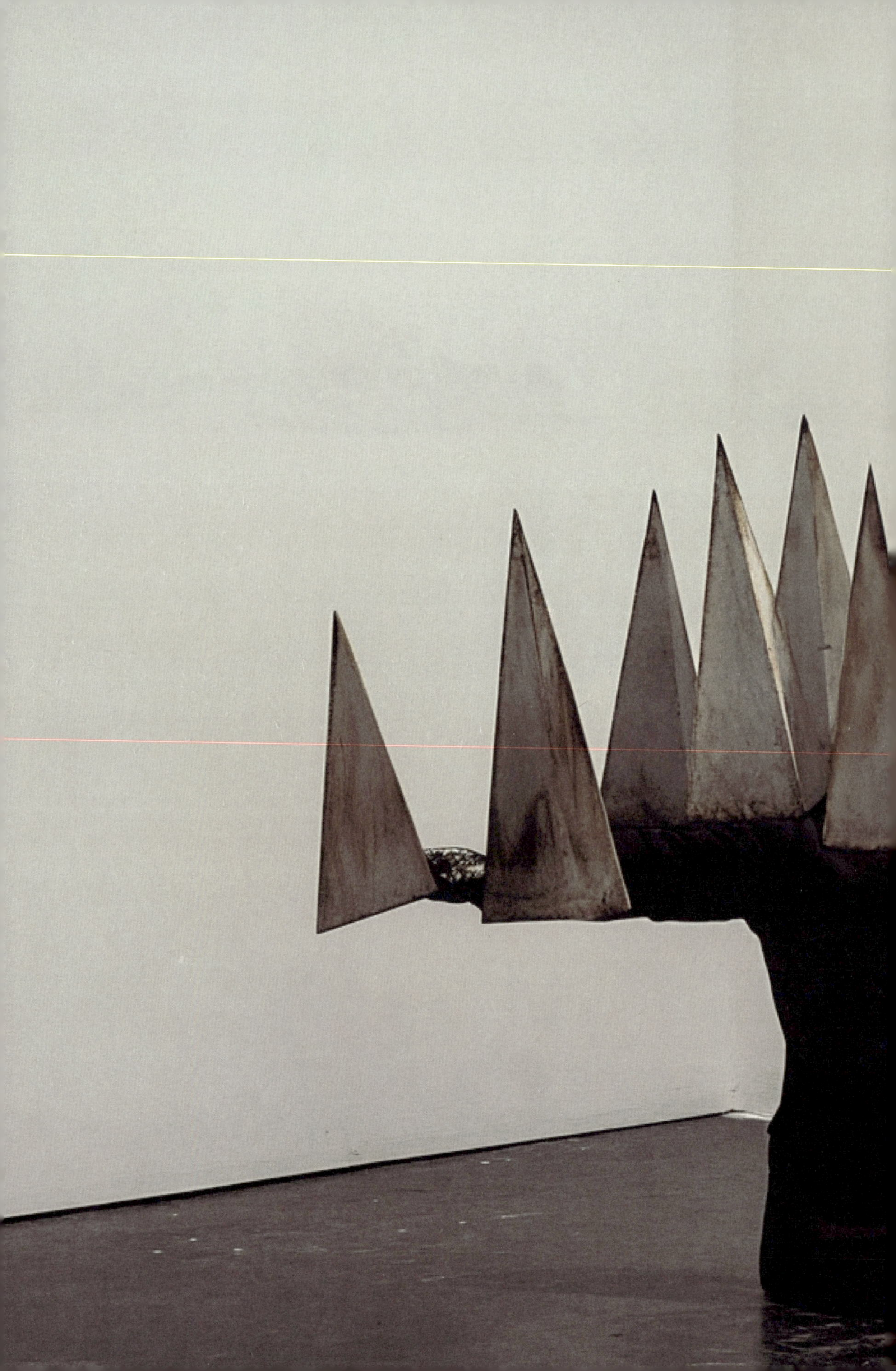

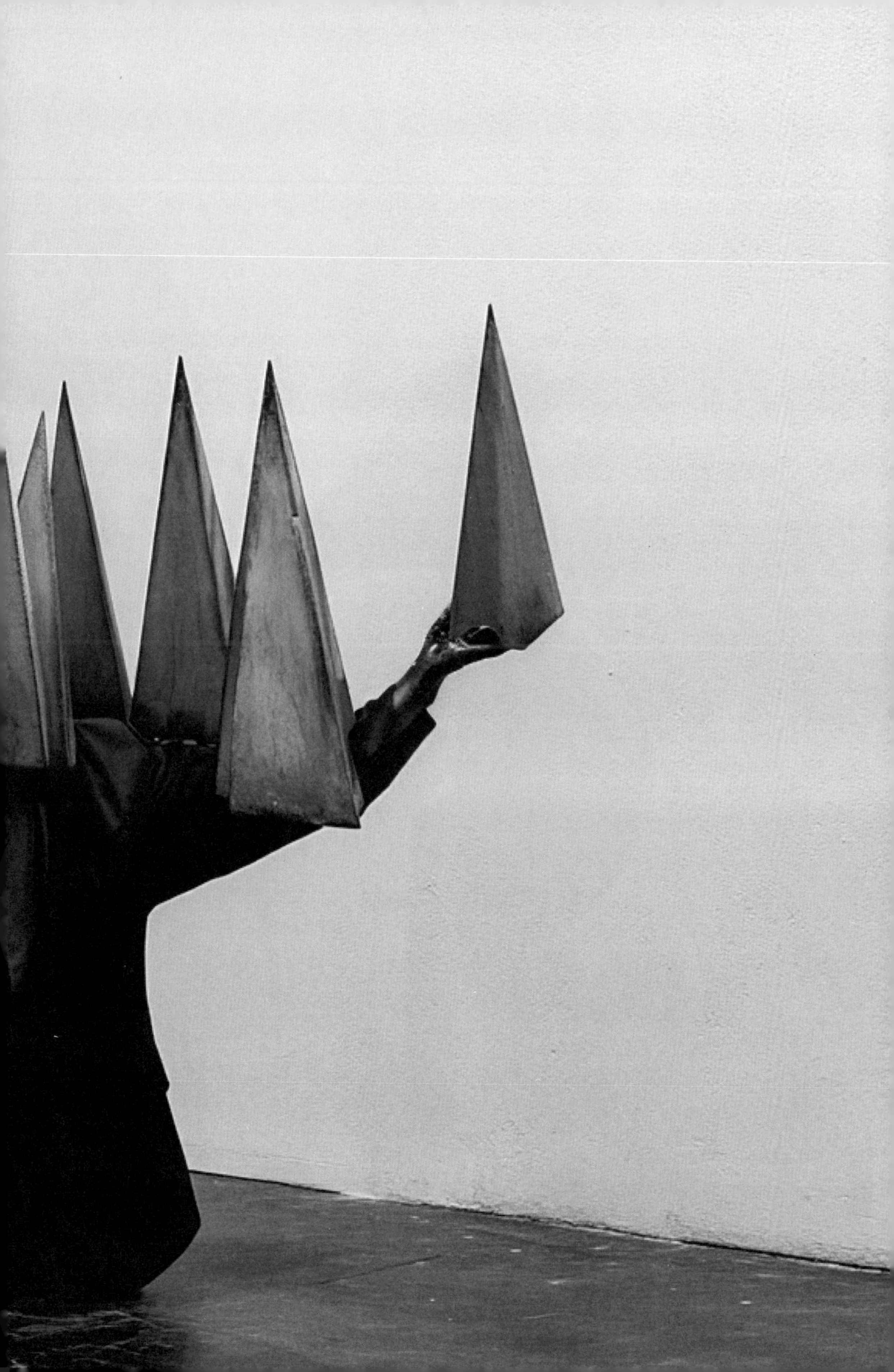

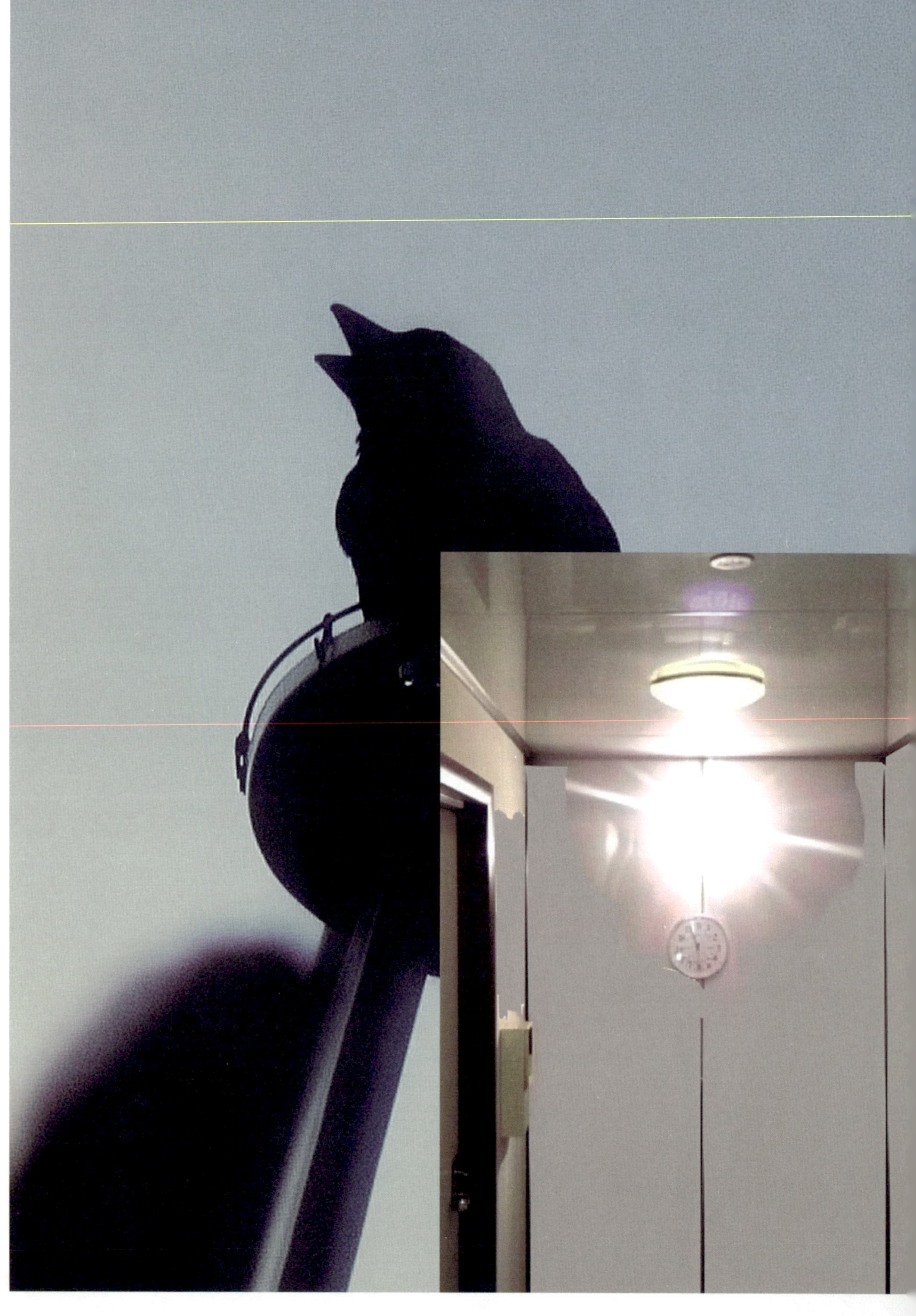

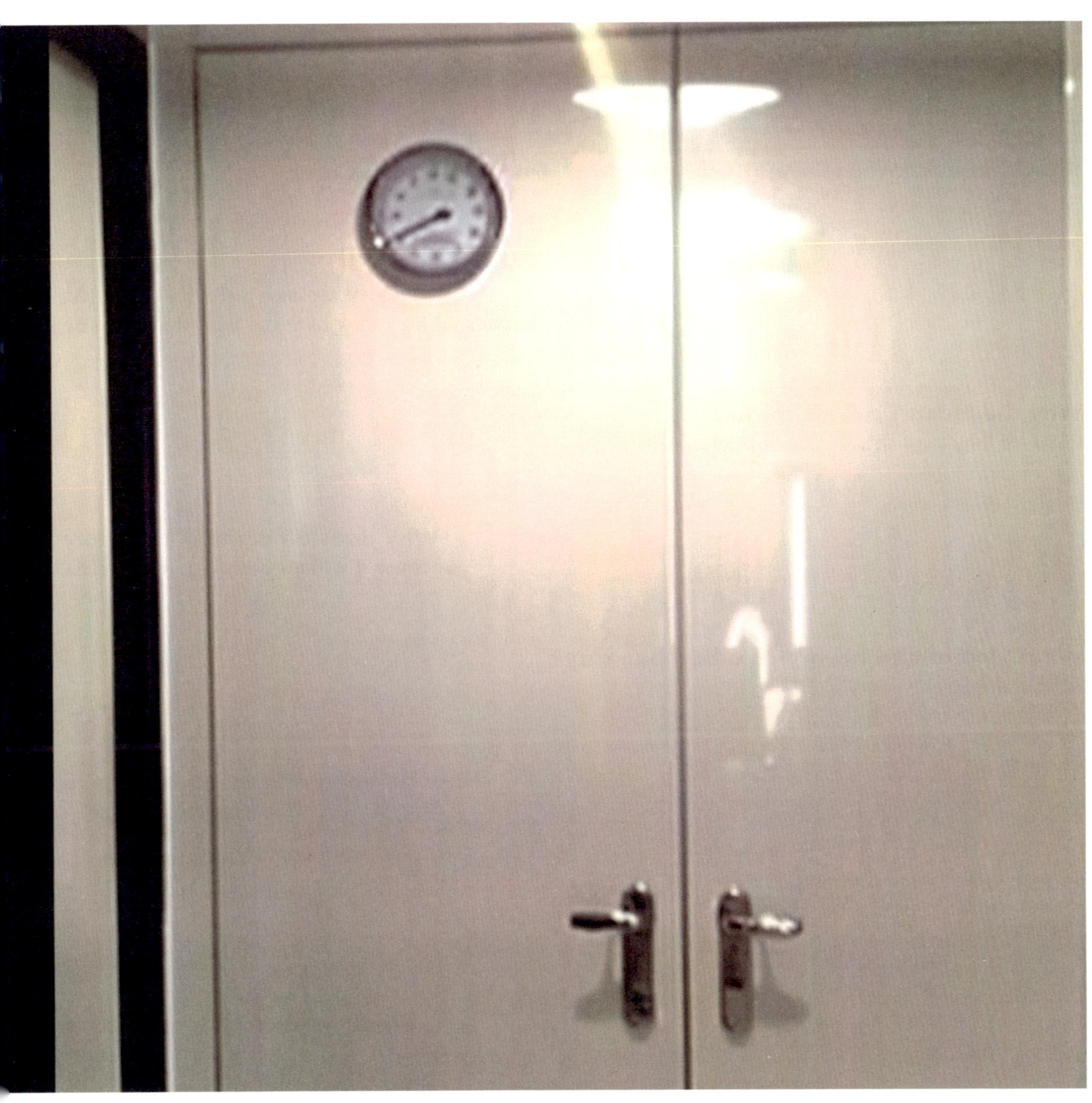

STEVEN SEAGULL

Knock, knock. Who's there? **Kuck**. Kuck who? **Don't call me cuckoo!**

Why do seagulls fly over the sea
Because if they flew over the bay, they'd be baygulls

Why did Mozart sell his chickens?
Because they kept saying "bach bach"!

Why does a flamingo lift up one leg
Because if it lifted both legs it would fall over

What kind of bird never has a bad hair day?
A bald eagle.

How do you get a raven to stop calling
You take away his cell phone

What do birds put into their soup?
Crow-tons.

What do you call a duck on drugs
A quackhead

Did you hear the story about the peacock?
It was quite a beautiful tail.

Why was the big bird sitting all alone
He was ostrich sized

What does a bird say to another bird?
Oiseaup

Why do hummingbirds hum?
Because they don't know the lyrics.

Why do ducks fly south?
Because it's too far to walk!

What do you call an eagle when he's sick?
Illegal.

Why did the owl take a shower?
So he didn't smell so fowl.

What do you call a penguin in the desert?
Lost.

What do you get when you cross a centipede and a parrot?
A walkie-talkie.

What do you call a seagull during the winter?
A brrr-d.

What do you call a bird who stars in action movies?
Steven Seagull.

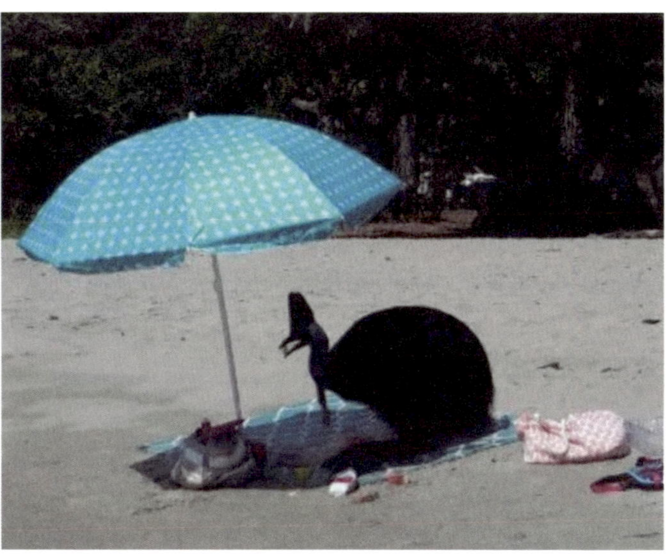

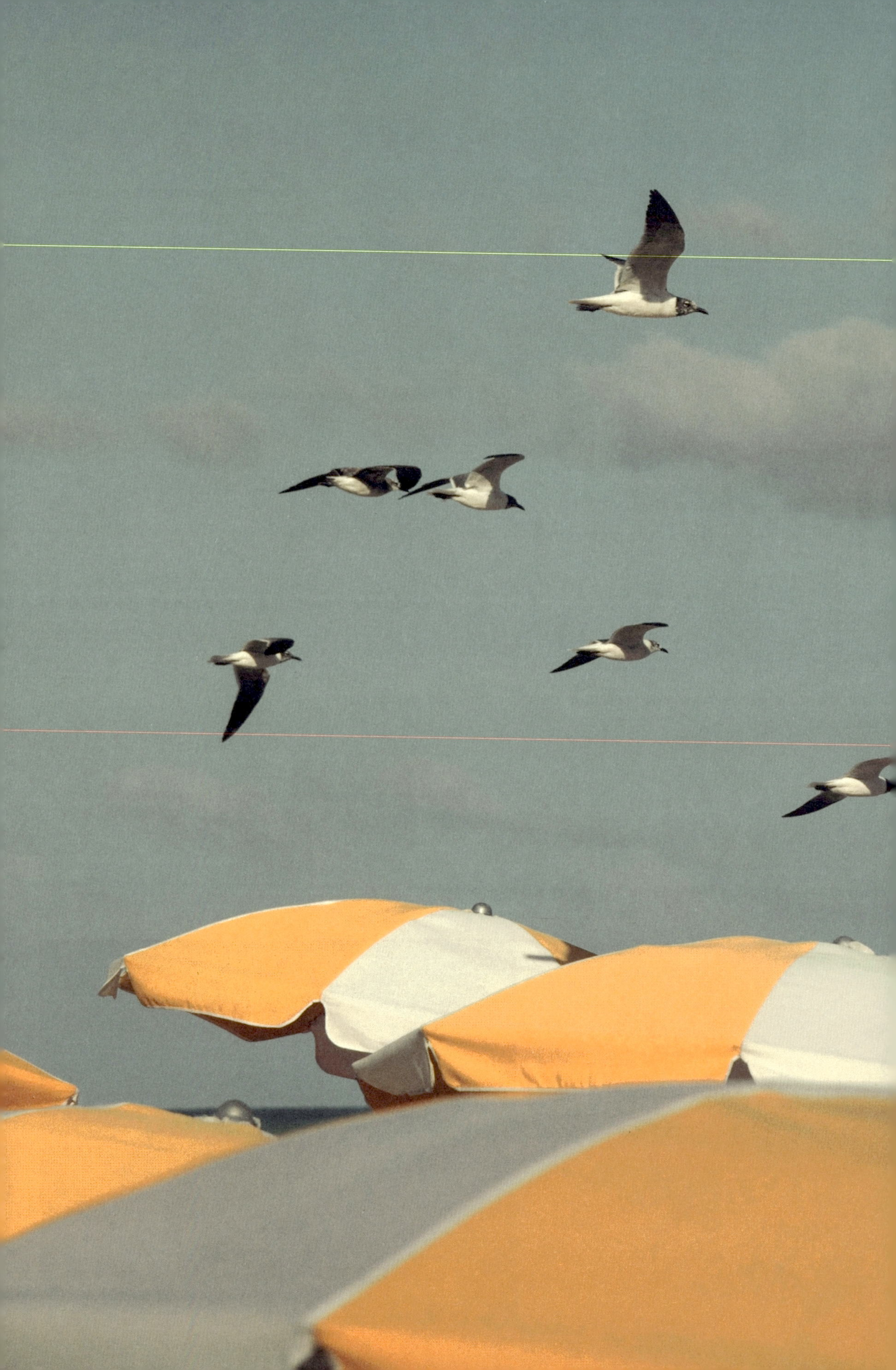

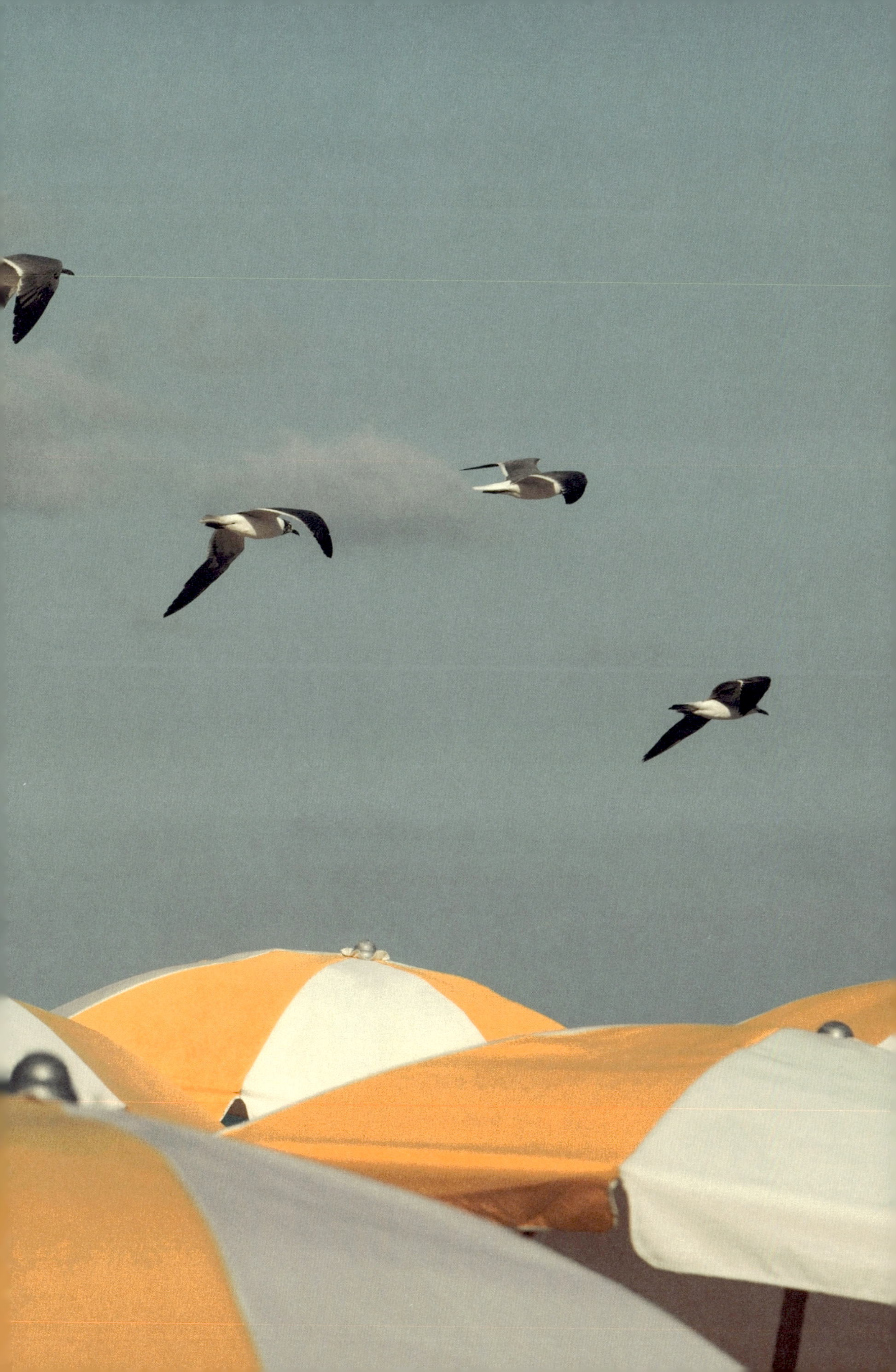

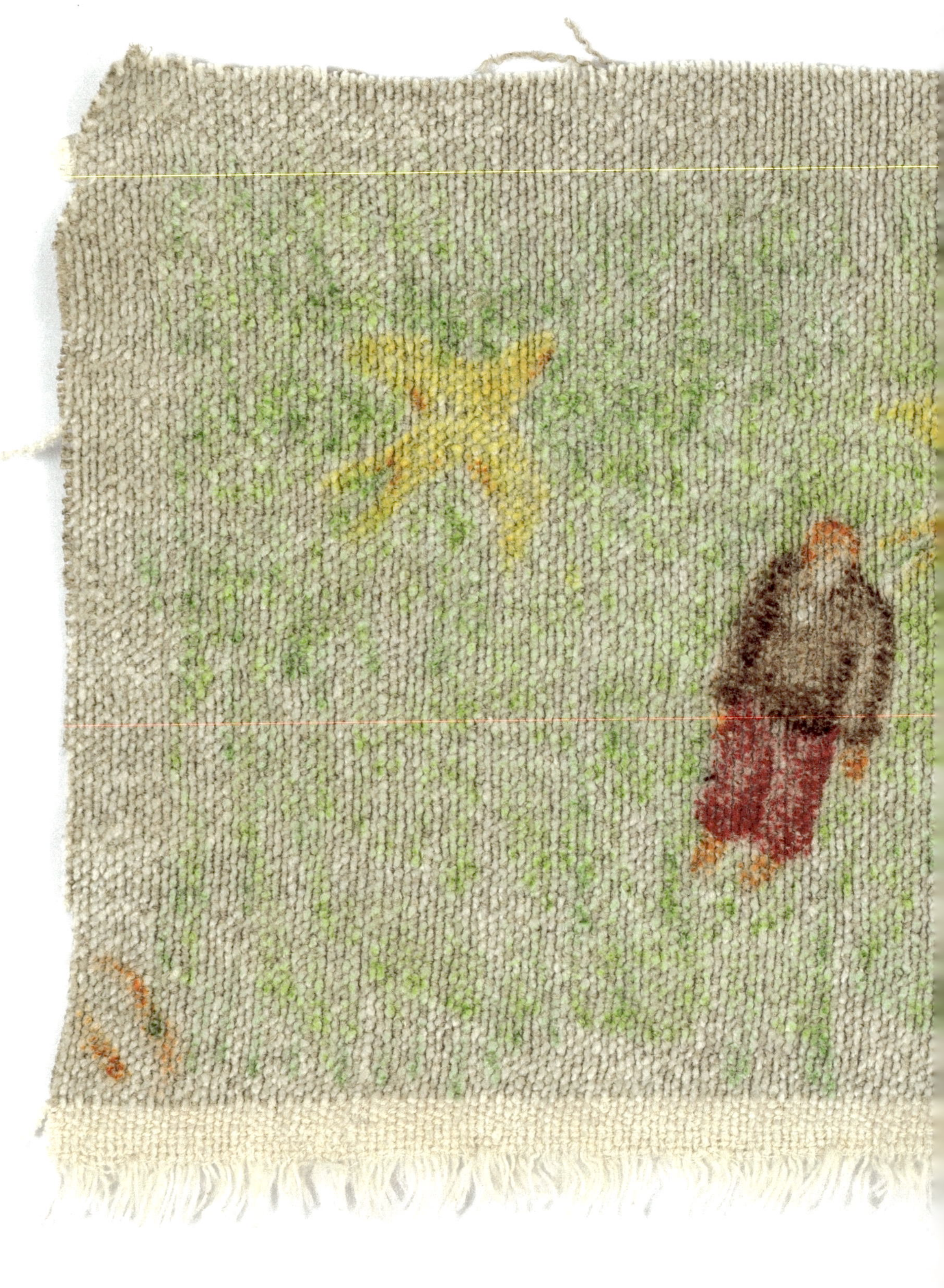

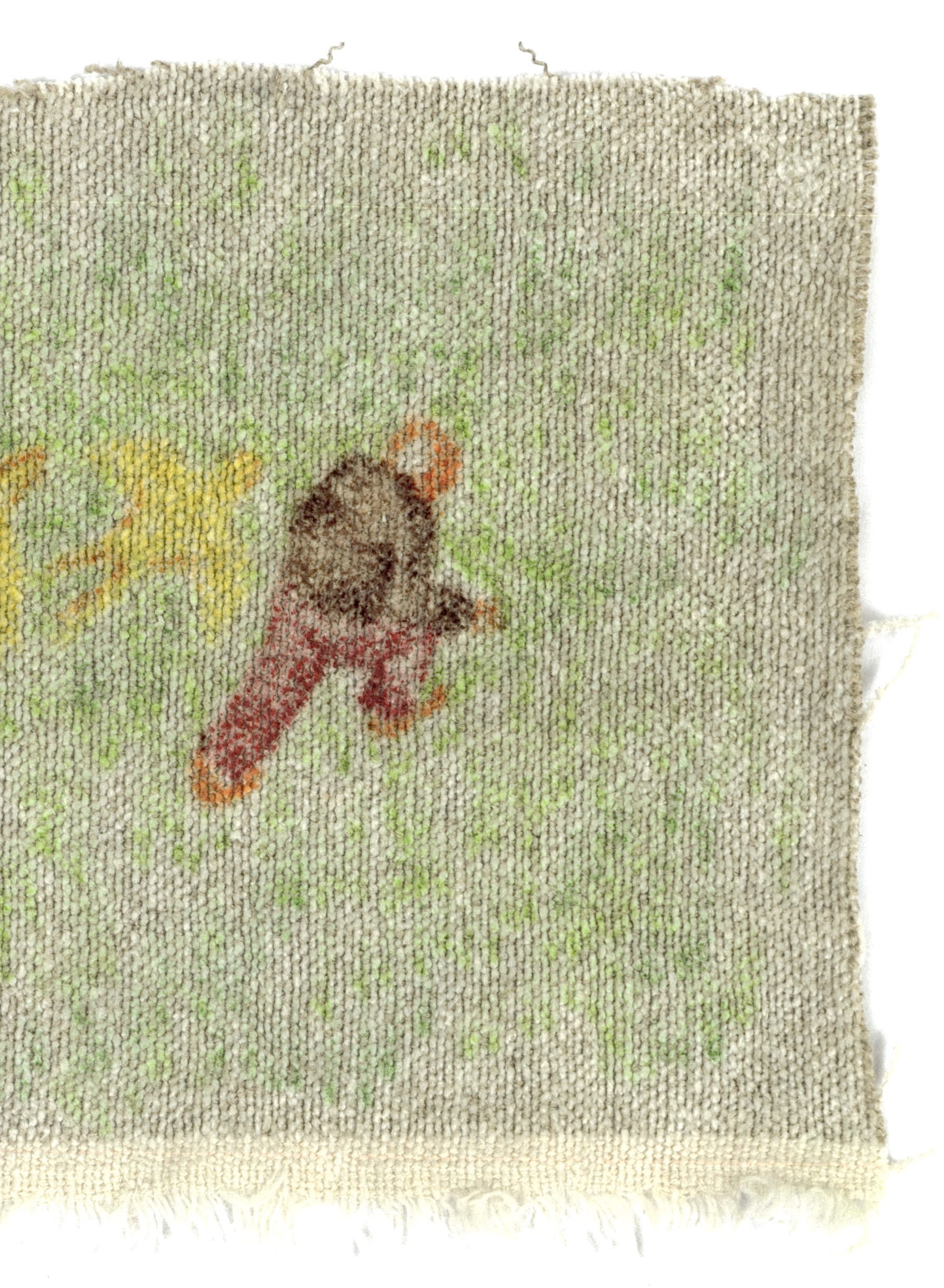

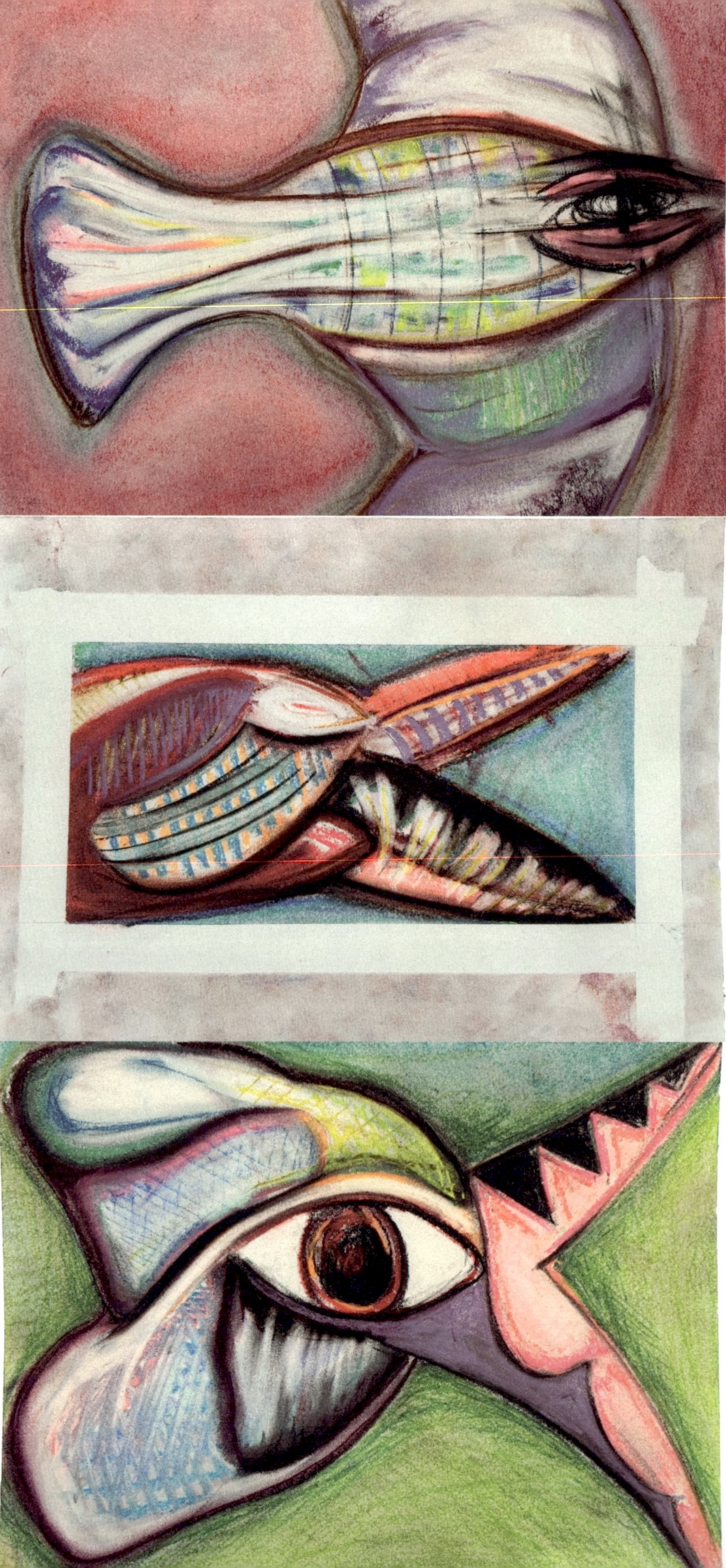

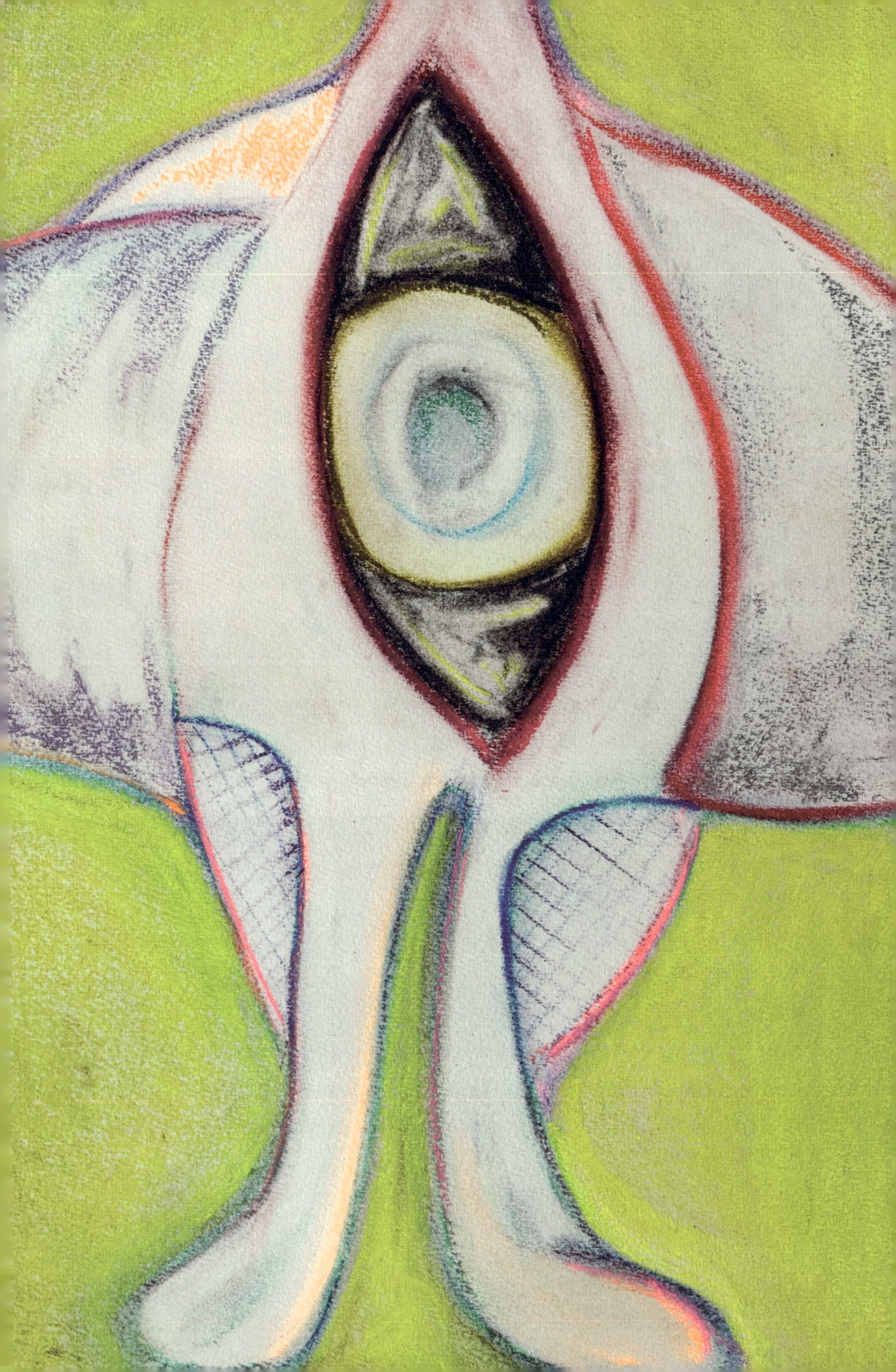

Que sent la merde des anges ?

PED CASTOR / Théo Cazedebat

Tu as eu si peur de l'odeur de merde quand je t'ai baisé la dernière fois

Mais je voudrais te dire que la merde des anges ne sent pas

Mais je voudrais te dire que la merde des anges ne tache pas

Je voudrais faire un bain de boue comme le fond les cochons à la porcherie

Je voudrais danser en toi

Je voudrais parler en toi

Je voudrais chuchoter des poèmes à ton oreille interne

Tu as eu si peur de « l'accident »

Moi aussi j'ai peur des accidents

Accident et amnésie qui font oublier nos histoires minoritaires

Accidents de l'esprit mal finit qui croit que le sexisme est génital

Accident de l'esprit mal finit qui confond réforme et révolte et ne protège pas nos adelphes

Se finir à la pisse, c'est s'inonder sous la douche avec un sourire

Alors je veux te sourire

Je veux finir

En toi, en nous

Je veux en finir avec l'amnésie et me rappeler que la merde des anges sent le souvenir

Je veux te sentir et me souvenir des histoires qu'on a oublié de me raconter

Je veux te sentir et me souvenir du premier jour et de la première insulte pour y puiser mes colères et mes amours

Je veux te sentir et me souvenir de celleux qu'on a oublié de protéger, de chérie et choyer

La merde des anges sent nos archives

La merde des anges sent l'asphalte chauffée par l'allure de nos danses

La merde des anges sent la prep digérée par nos foies fatigués

La merde des anges sent les campagnes fuient trop tôt et les arbres arrachés

La merde des anges sent les accents oubliés et les poignets cassés réparés par la force

La merde des anges sent ta repartie, ta force ta flamboyance et la lumière de celleux qui nous ont précédé

Que la merde des anges soit un hommage

A tous ces anges qui ne chient plus sûr leurs amantx

Parce que des merdes incontinentes haïssent les anges et veulent contrôler leurs fluides

Que la merde des anges soit le sexe raté

Que la merde des anges soit le sexe
rêvé

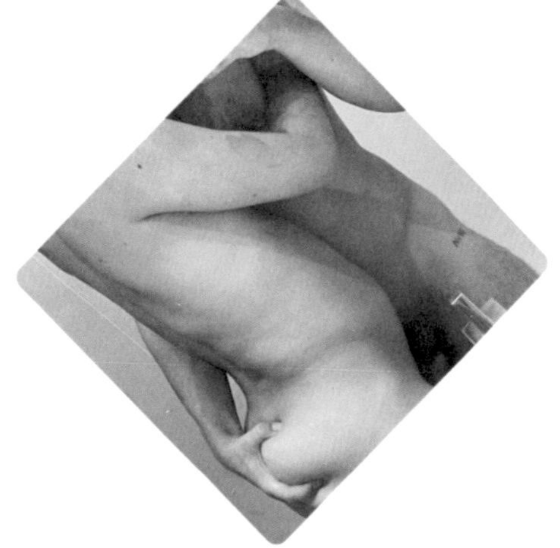

Le sexe a moitié terminé

Le sexe trop vite éjaculé

Le sexe mal bandé

Le sexe a moitié fait

Le sexe accessoirisé

Le sexe tarifé

Le sexe des perdants triomphant

Le sexe résistant

Le sexe de mes amants

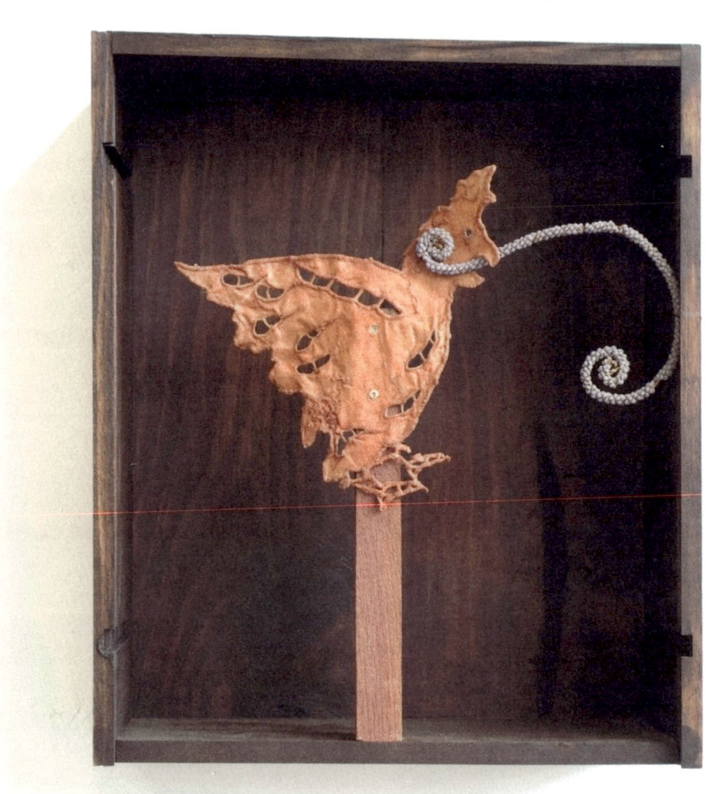

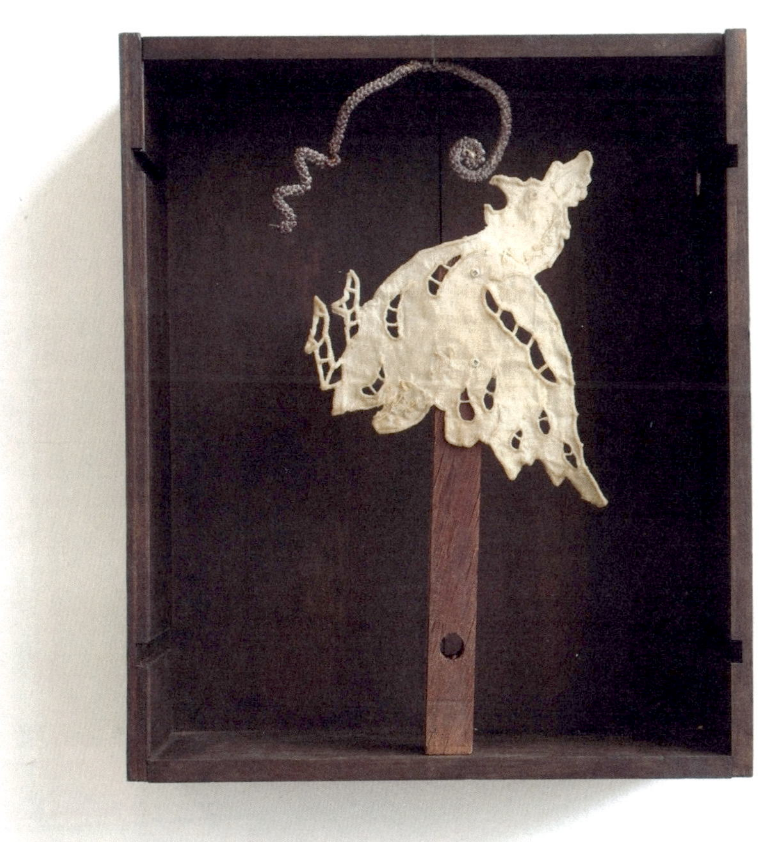

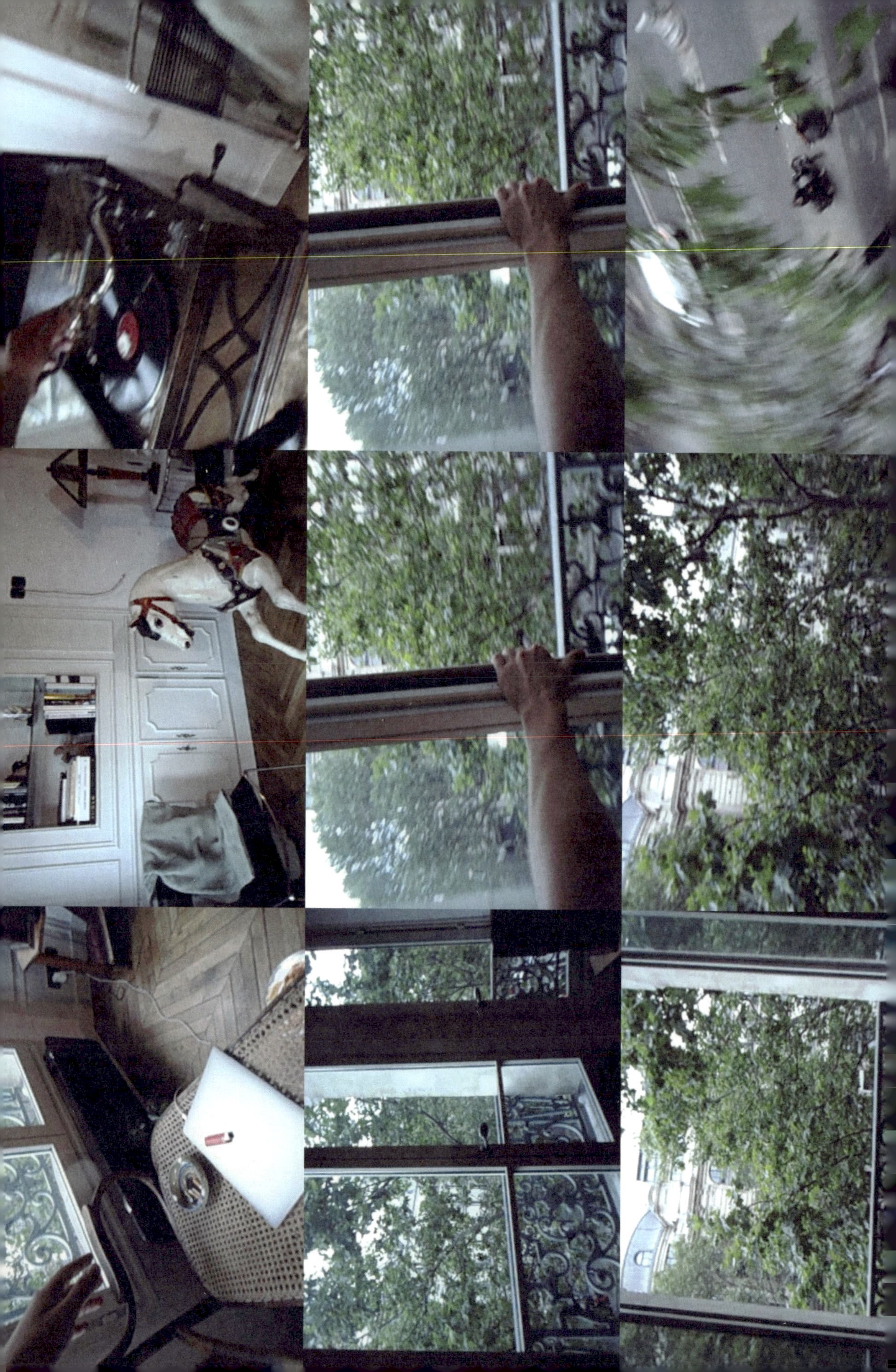

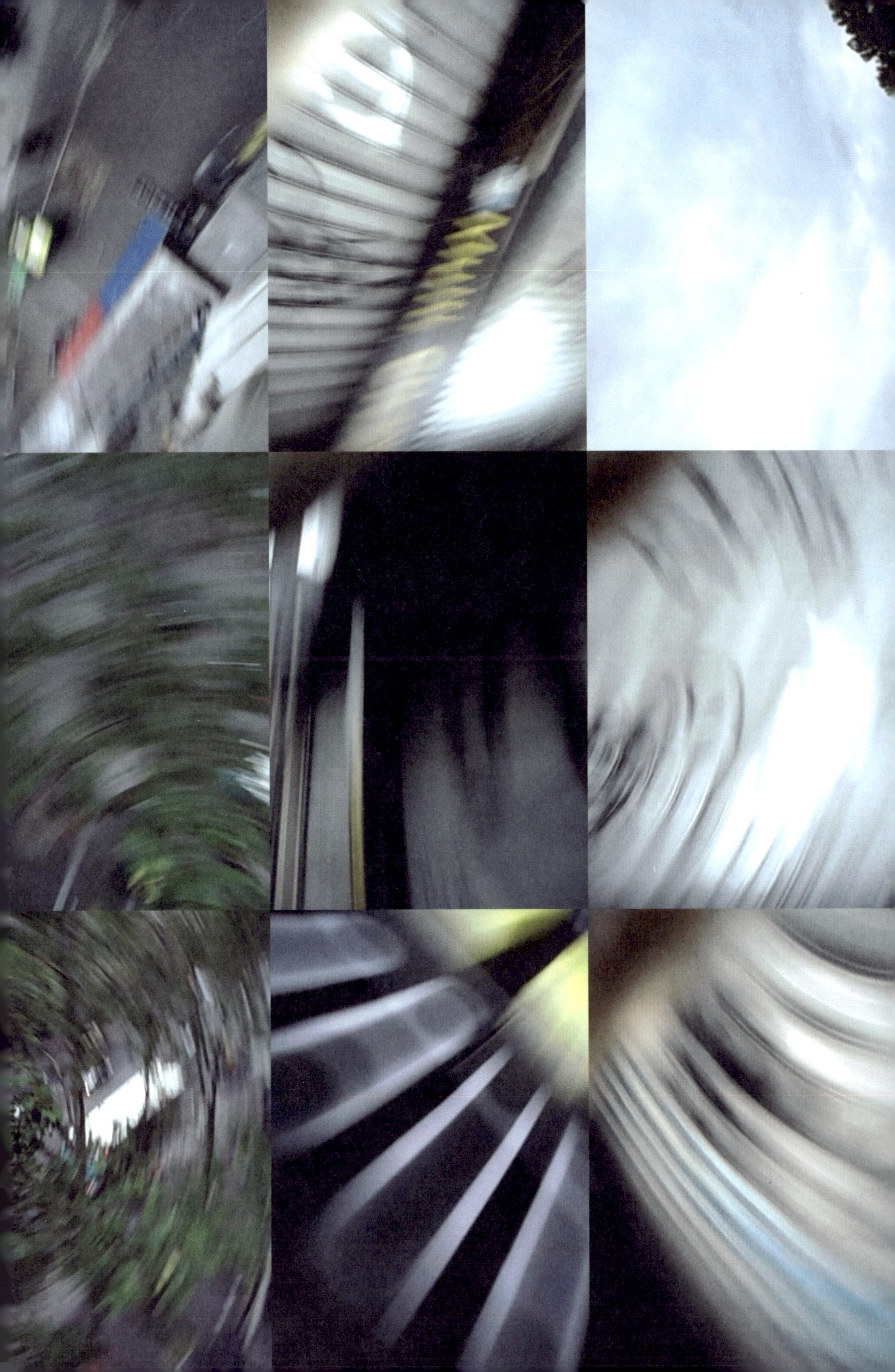

Et nous donc ? Crois-tu que nous mangions des Ortolans ? Balzac "Les Ressources de Quinola"

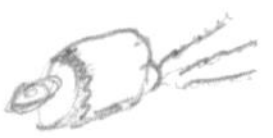

Autrefois le rat des villes
Invita le rat des champs
d'une façon fort civile,
À des reliefs d'ORTOLAN
Jean de la Fontaine

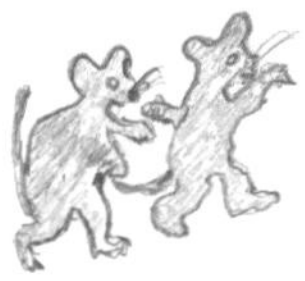

ESPÈCE* D'EMBÉRIZIDÉ !

l'embérizidae hortulana

ALEXANDRE DUMAS
les aiment sous toutes ses formes
(À LA TOULOUSAINE, EN CAISSES, À LA PROVENÇALE, EN TERRINES OU SOUS LA CENDRE...)
ET FRANÇOIS MITTERRAND
LA TÊTE SOUS LA SERVIETTE

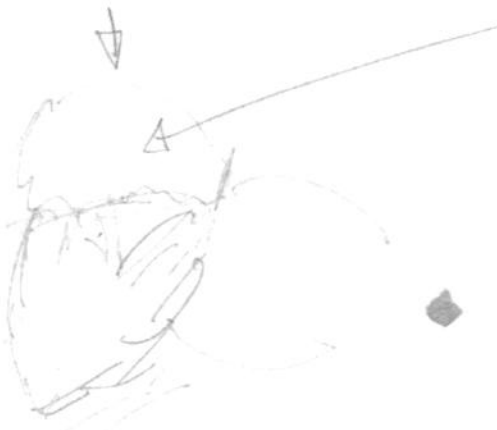

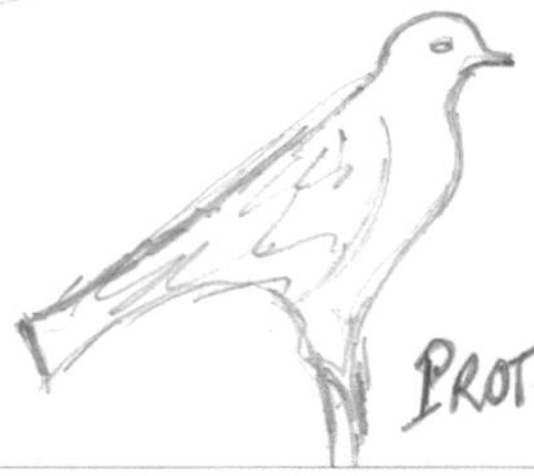

* PROTÉGÉE

Le ciel, les oiseaux et mon père

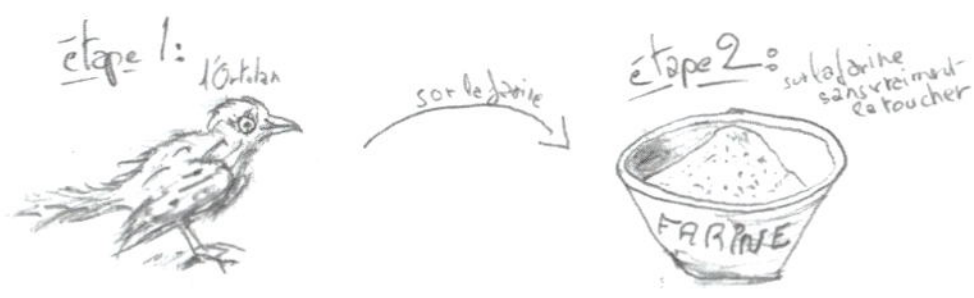

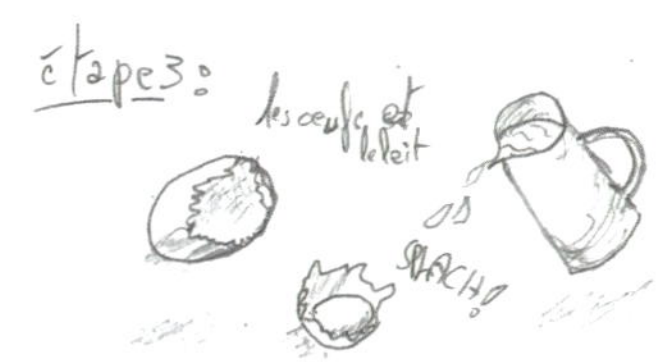

Ingrédients

- 1 ortolan libre et entier, mariné dans une goutte d'incertitude
- 200g de farine tamisée à travers une fenêtre ouverte
- 3 œufs battus à l'excès (privilégiez les oeufs de perdreaux si vous en trouvez)
- Une poignée de câpres encore endormies
- 2 cuillères à soupe de lait déboussolé
- Une pincée de poivre non dévoilé
- 4 échalotes effeuillées dans le sens inverse des aiguilles d'une montre
- 1 zeste citronné, capturé en vol

étape 4 : vers le haut pour certaines (échalotes) Le bas pour le beurre

Préparation

1. Déposer l'ortolan sur la farine.

   Étalez délicatement la farine sur une surface lisse, mais assurez-vous que l'oiseau ne la touche jamais. Formez un cercle avec les câpres, à la façon d'un carrefour giratoire. Faites glisser les échalotes d'un coin à l'autre, sans bruit, comme si elles hésitaient à participer.

2. Fouetter les œufs dans l'air.

   Prenez un fouet et battez les œufs à une distance où le mélange ne touche ni le bol ni les parois. Pendant ce temps, ajoutez le lait goutte à goutte, en faisant attention à ce qu'il ne s'incorpore jamais vraiment. Si le lait s'échappe, recommencez, en modifiant l'angle.

3. Caraméliser le zeste.

   À l'aide d'une diode, laissez le zeste citronné se chauffer délicatement au-dessus de l'ortolan. Il ne doit pas brunir, seulement bronzer légèrement. Si vous sentez une odeur, c'est que vous êtes vraiment allé trop loin. Assurez-vous bien que le poivre reste scellé, enfermé dans sa propre promesse.

4. Monter la sauce sur le fil.

   Faites fondre les échalotes lentement, sans jamais les brusquer. Ensuite, accrochez-les au-dessus de la table, comme suspendues à une ligne fragile. Le beurre fondra vers le bas, tandis que les échalotes monteront.

5. Incorporer l'incertitude.

   Plongez l'ortolan dans la farine, en évitant tout contact avec les autres ingrédients. Si les câpres décident de se déplacer, laissez-les faire. Fredonner un air doux pour accompagner leur mouvement (vous pouvez aussi siffloter). Si elles refusent de se réveiller, remuez doucement l'air autour d'elles avec la palme de vos mains, jusqu'à ce qu'il se passe quelque chose.

Service

Laissez simplement les ingrédients se dissiper dans la pièce, chacun retournant à son état d'origine. L'ortolan restera suspendu, quelque part entre cru et cuit, sans qu'on sache vraiment à quel moment il a cessé d'exister en tant qu'oiseau.

câpres endormies :

Remarque

Si les câpres finissent par s'agiter, faites-les sauter rapidement dans une poêle brûlante. Leur crépitement sera le seul son qui clôturera la recette.

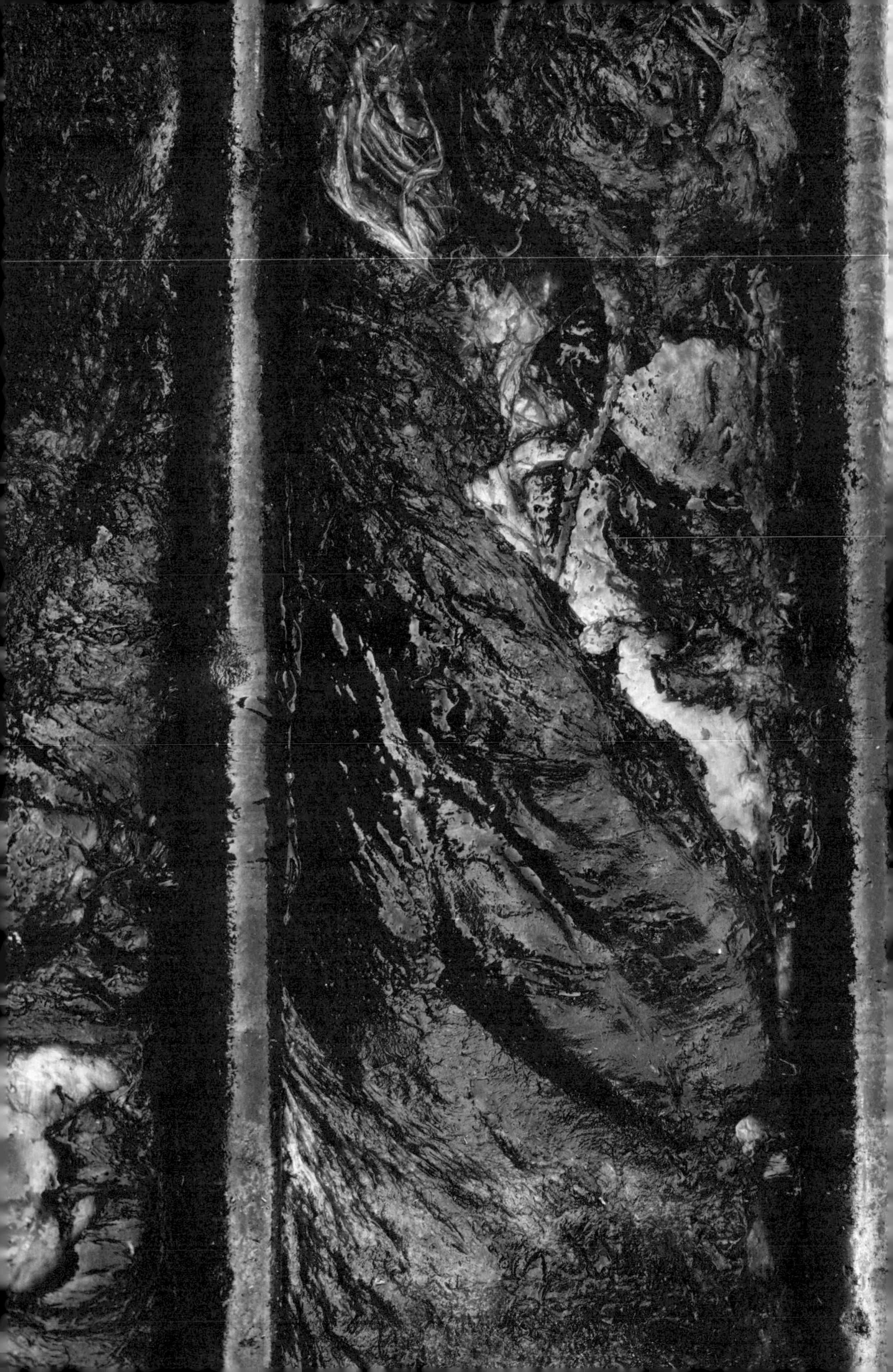

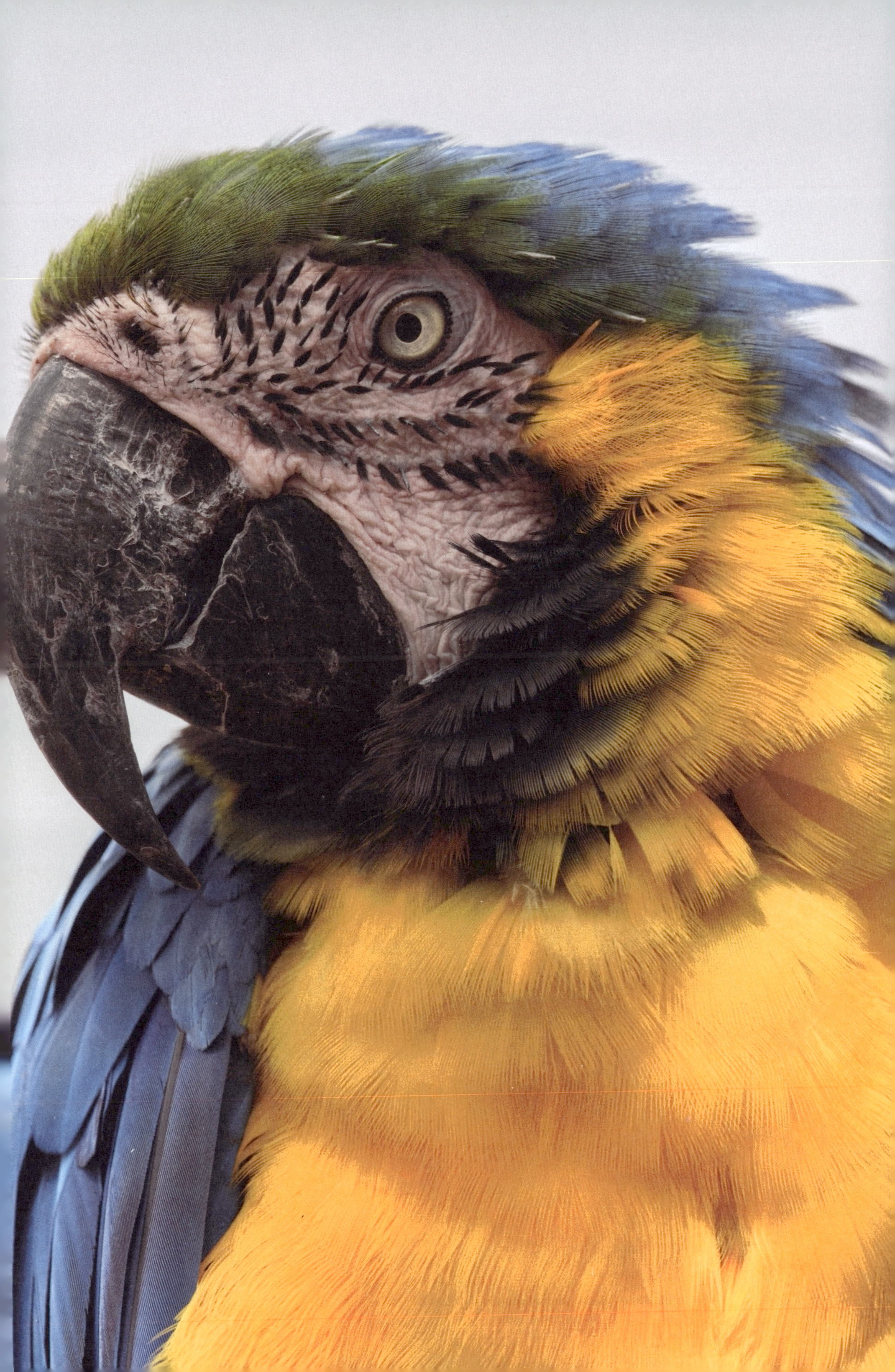

afraid of nothing

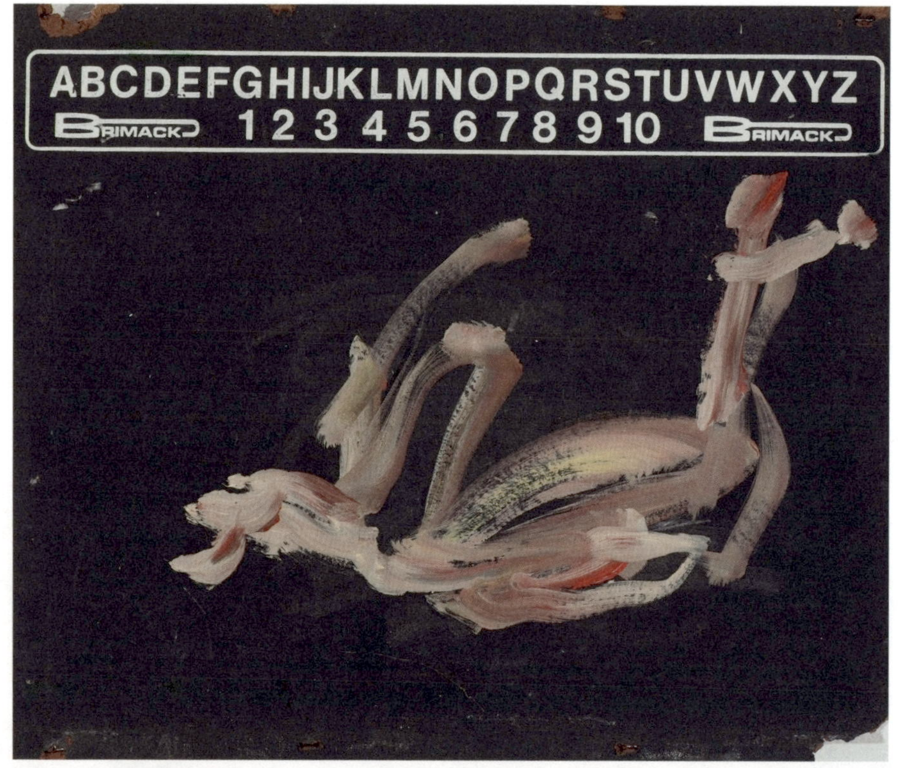

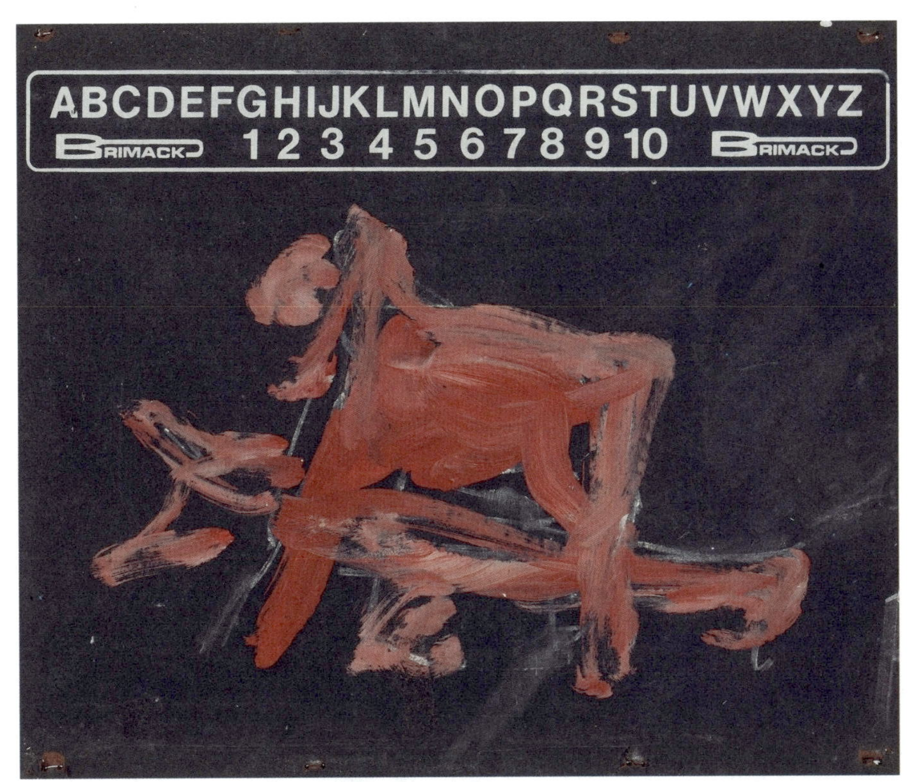

as though I had
wings

Blue JAY Blue

little B

little Blue JAY Boo

Whenever I feel blue I go to see you little blue jay boo

Ascension to be with you make my heart peak in pink little blue jay boo

It was a hard way up but you cheer me up little blue jay boo

From black to blue I see clearly now , little blue jay boo

Do you smell that white sun burning the yellow star flower, little blue jay boo?

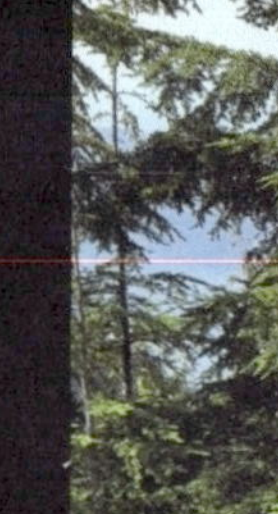

Cyan sea behind you, brown mountain beside green, red leaf around us, little blue jay boo

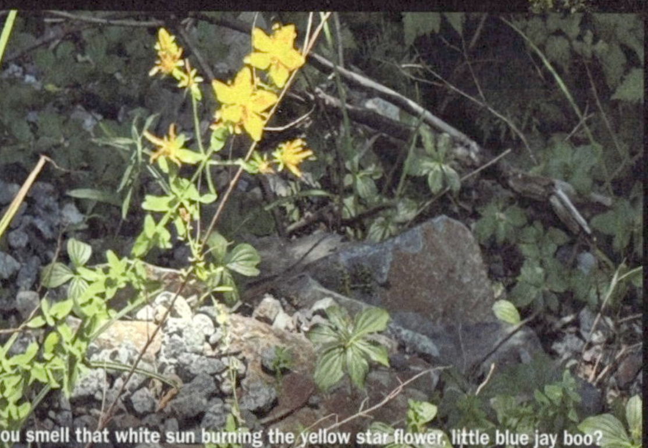

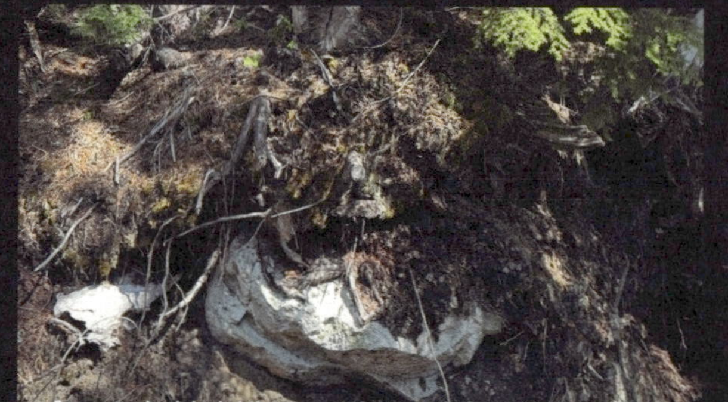

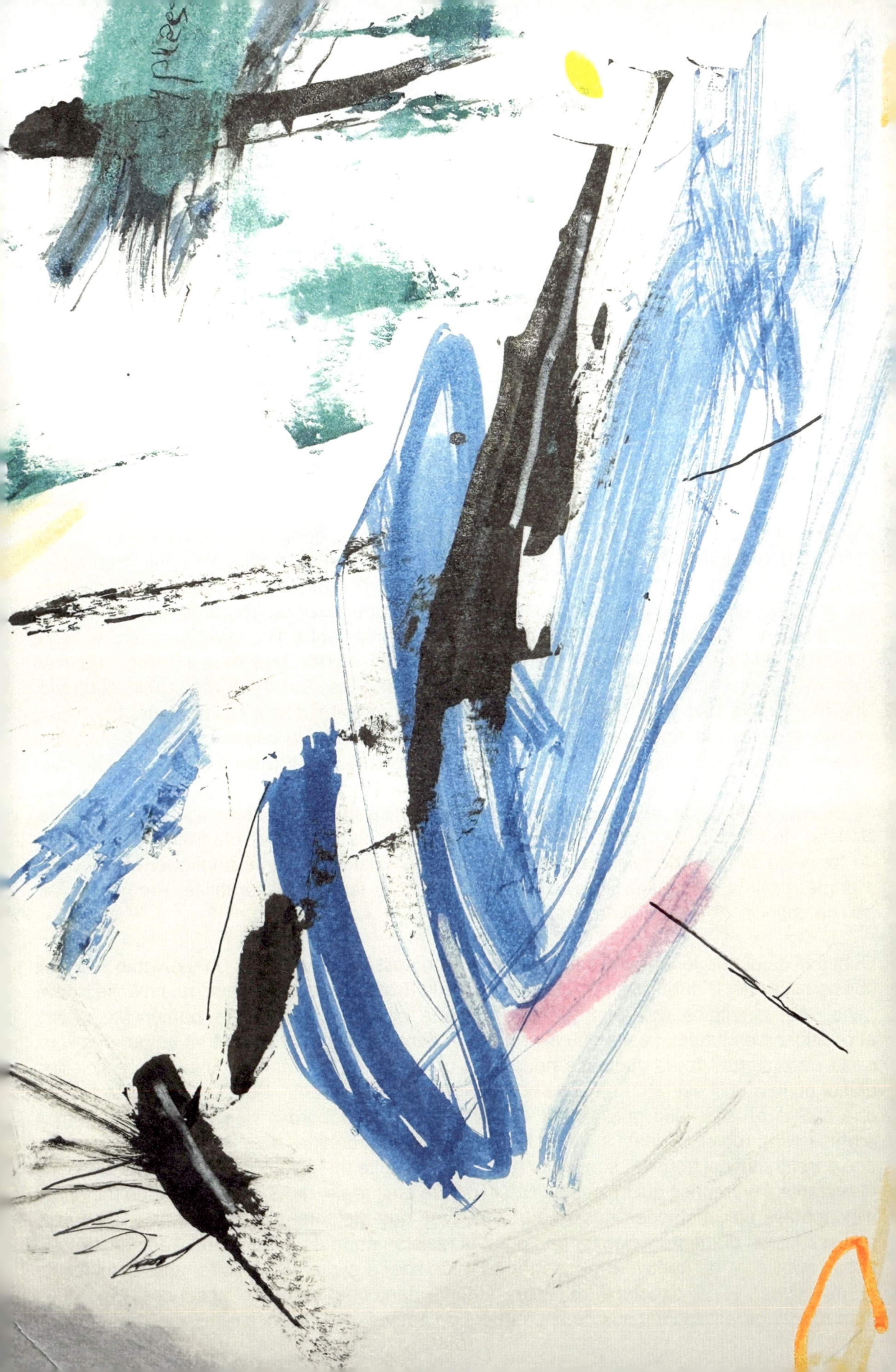

Il y a quelques années, je travaillais pour une entreprise dont les bureaux étaient situés dans un grand parc arboré. Chaque jour à la pause déjeuner, j'allais chercher mon casse croûte en empruntant un chemin de terre qui longeait des terrains de pétanque fréquentés par un mélange de retraités et de pseudo bad boys du quartier. Toujours, j'étais absorbé par l'interlude folklorique qu'ils m'offraient, à mi chemin entre Brueghel l'Ancien et SCH. Toujours, sauf ce midi de début d'été où une plainte aigüe attira mon attention au pied d'un arbre, tout près. Entre les brindilles, un petit tas de chair rose très contrarié. Une tête lourde, des yeux démesurés dont le noir transparaissait à travers leurs paupières encore scellées, un corps rachitique, très mal proportionné. Un bec surtout, et sa bouche, ouverte, avide, qui s'égosillait pour qu'on la remplisse. Vérifications faites, il s'agissait d'un avorton de pie dont la famille devait nicher quelques branches au dessus du drame. Difficile de décrire le sentiment qui me saisit devant cette scènette pitoyable. Un peu de dégoût, de l'embarras, la tentation à la fois cruelle et magnanime de mettre un terme, d'un coup de talon ou de pierre, à cette existence si mal engagée. Mais ce qui a primé, c'est la responsabilité qui m'incombait face à tant de vulnérabilité. Premier arrivé, pas de chance, c'était à moi de gérer le bébé.

Oublié le déjeuner, je remontais en vitesse à mon poste pour préparer un sauvetage un tant soit peu informé. D'après le site de la Ligue pour la Protection des Oiseaux, un juvénile trouvé dans ces conditions doit être placé dans une cagette tapissée de papier absorbant, et positionné en hauteur, sans eau ni nourriture, dans un rayon de 50 mètres autour des lieux de la découverte. Après quelques heures, la présence de fientes ou l'absence de l'oisillon doit confirmer qu'il est retourné sous la protection de ses parents. Pour la cagette, je choisis une caisse en plastique gris, siglée « La Poste », qui débordait des emails qu'imprimait profusément (et sans jamais venir les récupérer) la crétine des RH. Je dois ici faire une parenthèse qui trouvera son importance dans la suite du récit. Présidée par une direction inexistante, l'entreprise qui m'employait à l'époque était régie, dans les faits, par un triumvirat d'incapables aux méthodes aussi approximatives que violentes. La crétine des RH, donc, épaisse Karen du genre à débiter des pépites racistes entre deux banalités, l'administrateur, aussi appelé « le nettoyeur », sorte de machine à virer, accessoirement complotiste et misogyne, et la directrice adjointe, autorité fantoche dont les absences physiques et mentales garantissaient aux deux premiers un pouvoir de nuisance illimité.

C'est dans cette boîte à l'ambiance délétère que je ramenais finalement celle de ma pie. Après l'avoir abandonnée plusieurs heures dans les conditions préconisées par la LPO, rien n'indiquait en effet que la famille l'avait retrouvée. Dans de telles circonstances, le plan B consiste à prendre en charge l'oiseau jusqu'à ce qu'il parvienne à l'autonomie et à l'envol – ce qui, dans le cas d'une pie, peut prendre jusqu'à un mois. Un mois durant lequel il faut accomplir la mission schizophrène de subvenir en permanence à ses besoins tout en évitant au maximum d'interagir avec elle, au risque d'annihiler ses chances de retrouver les siens une fois mature. Me voilà donc à transiter quotidiennement entre mon appartement et mon travail avec une caisse « La Poste » sous un bras et mon lévrier, Leo, au bout de l'autre. Toutes les deux heures environ, j'administrais au bébé quelques croquettes de Leo gorgées d'eau, à l'aide de baguettes chinoises. Ce drôle de ballet dura une quinzaine de jours à l'issue desquels l'alien nu et fripé des débuts s'était progressivement transformé en un joli petit oiseau, dodu et mobile. Les premiers battements d'ailes ne tardèrent pas, et, avec eux, le risque d'un envol prématuré hors de la cagette qui pourrait finir en blessure (ou entre les mâchoires de Leo qui n'attendait que ça). Le temps était venu de libérer mon ado remplumé. Même après une longue période, les corvidés n'abandonnent jamais leurs petits. J'avais donc bon espoir que ma pie renoue avec son clan en la déposant une nouvelle fois à l'endroit où je l'avais trouvée. Ça n'a pas manqué : à peine eus-je le temps de m'éloigner pour observer la scène à couvert qu'un groupe de congénères plus âgés se formait autour d'elle pour l'examiner. À ma grande surprise l'amas s'approcha ensuite, jusqu'à n'être plus séparé de moi que d'une cinquantaine de centimètres. Je m'accroupis lentement pour laisser cette petite bande me toiser. Au bout de quelques secondes de ce face à face dont j'avais du mal à déterminer s'il s'agissait de remerciements ou d'une menace, la nuée s'envola d'une traite. Les jours suivants, j'espérais recroiser la pie que j'avais sauvée. J'imaginais naïvement que nous nous reconnaîtrions, qu'elle s'approcherait, volerait autour de moi, vocaliserait à mon attention... Il n'en fut rien. Mais une semaine environ après l'avoir libérée, je trouvais, sur le linteau de la fenêtre de mon bureau, un morceau de gourmette portant le poinçon à tête d'aigle entouré d'un rectangle biseauté, caractéristique de l'or 22 carats. Le rapprochement était vite fait. Pendentifs, bagues, pierres précieuses desserties, ces cadeaux qui avaient en commun leur parfaite qualité s'accumulèrent très régulièrement, au point de représenter, en valeur, près du double de mon salaire chaque mois.

Cette prospérité inattendue était d'autant plus appréciable que la situation à mon travail ne cessait de s'envenimer. Il était alors devenu limpide que le nettoyeur, la crétine des RH et leur pantin désarticulé s'étaient fixés pour objectif de me liquider. J'étais épié, la moindre de mes erreurs compilée, selon un modus operandi hypocrite que j'avais vu à l'œuvre sur bien d'autres avant moi. De nature soupe au lait, du genre lune en bélier, j'oscillais entre résilience et éclats de voix qui étaient opportunément ajoutés à la liste de mes griefs. Sachant pertinemment que je ne pourrais pas gagner, je cherchais un moyen de reprendre mon destin en mains. Par chance, le filon dont les pies me faisaient profiter n'avait pas l'air près de s'épuiser. Je décidais donc placer ma confiance dans une colonie d'oiseaux plutôt que de m'abandonner aux griffes des animaux qui me cernaient au bureau, et, du jour au lendemain, je démissionnais. Cette stratégie s'est avérée payante puisqu'au moment où j'écris ces lignes, les cadeaux n'ont toujours pas cessé. Mieux : depuis mon départ, mes anciens collègues m'ont rapporté que la directrice adjointe était en arrêt maladie suite à « des attaques d'oiseaux répétées qui l'ont traumatisée ». Le nettoyeur passerait quant à lui plus de temps à éponger sa Jaguar de collection recouverte chroniquement de fientes qu'à faire le ménage parmi les employés. À ce jour, on est sans nouvelles de la crétine des RH, mais certains des joueurs de boules du parc affirment « qu'ils l'ont vue voler ».

Timothée Magot

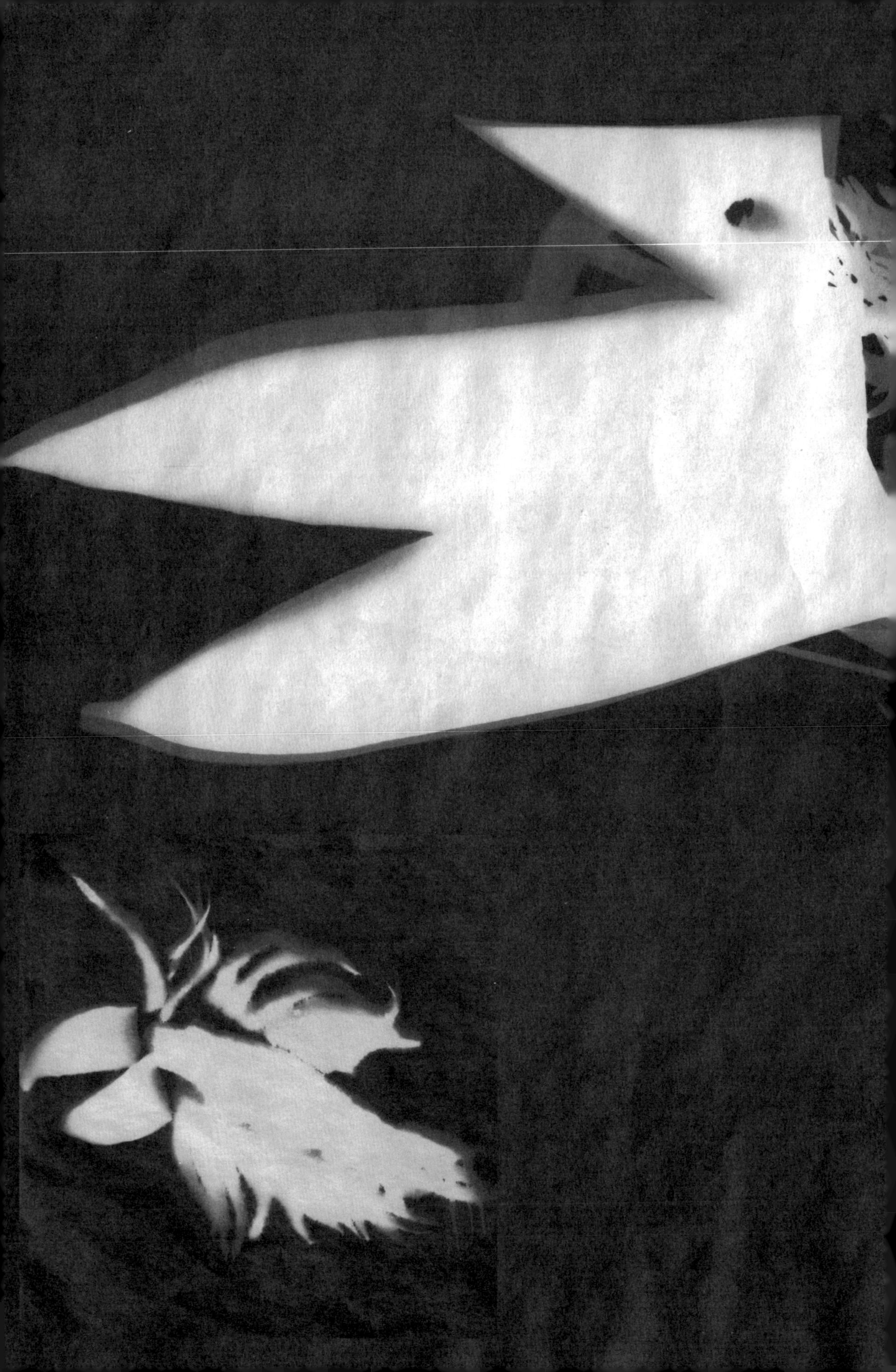

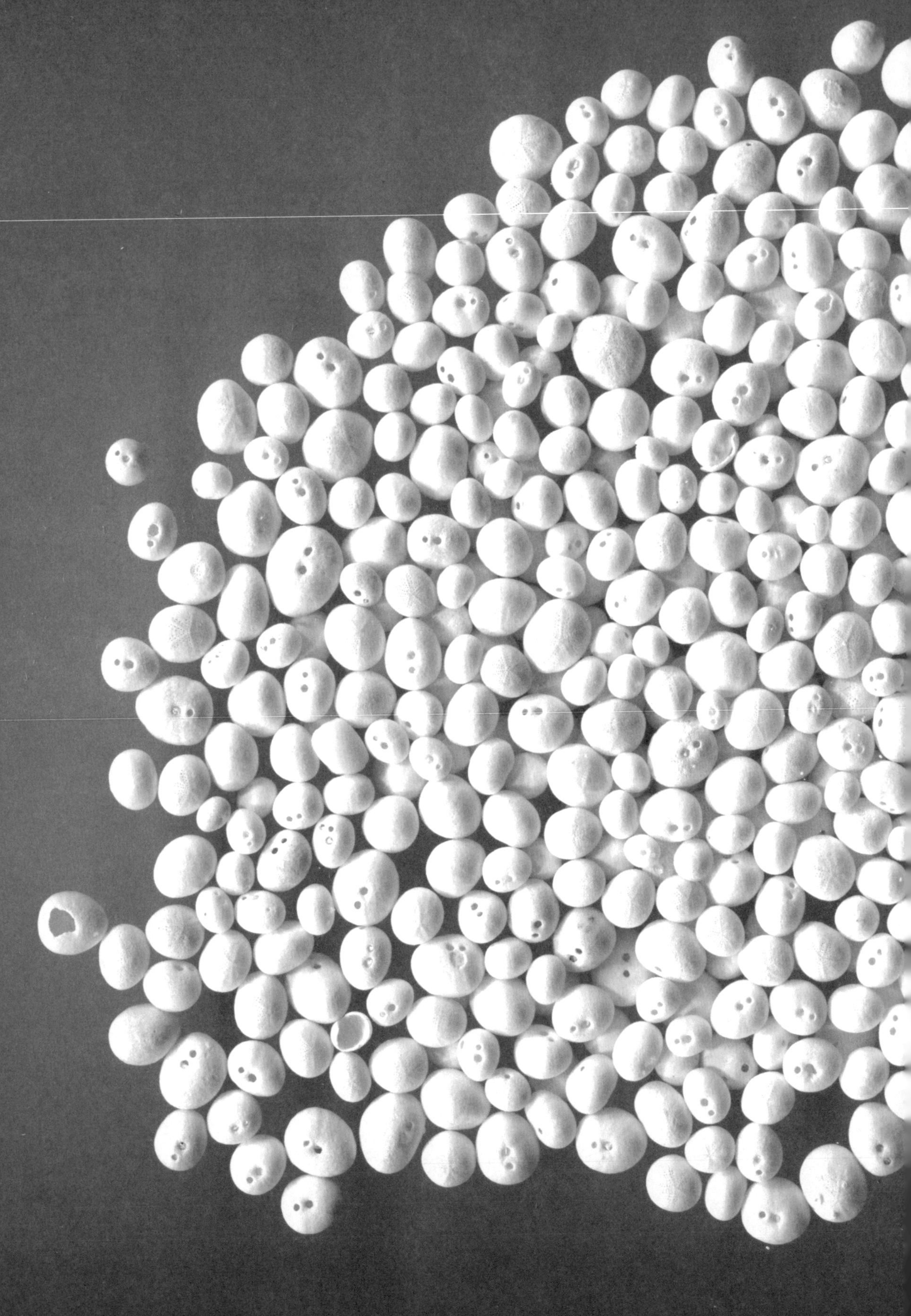

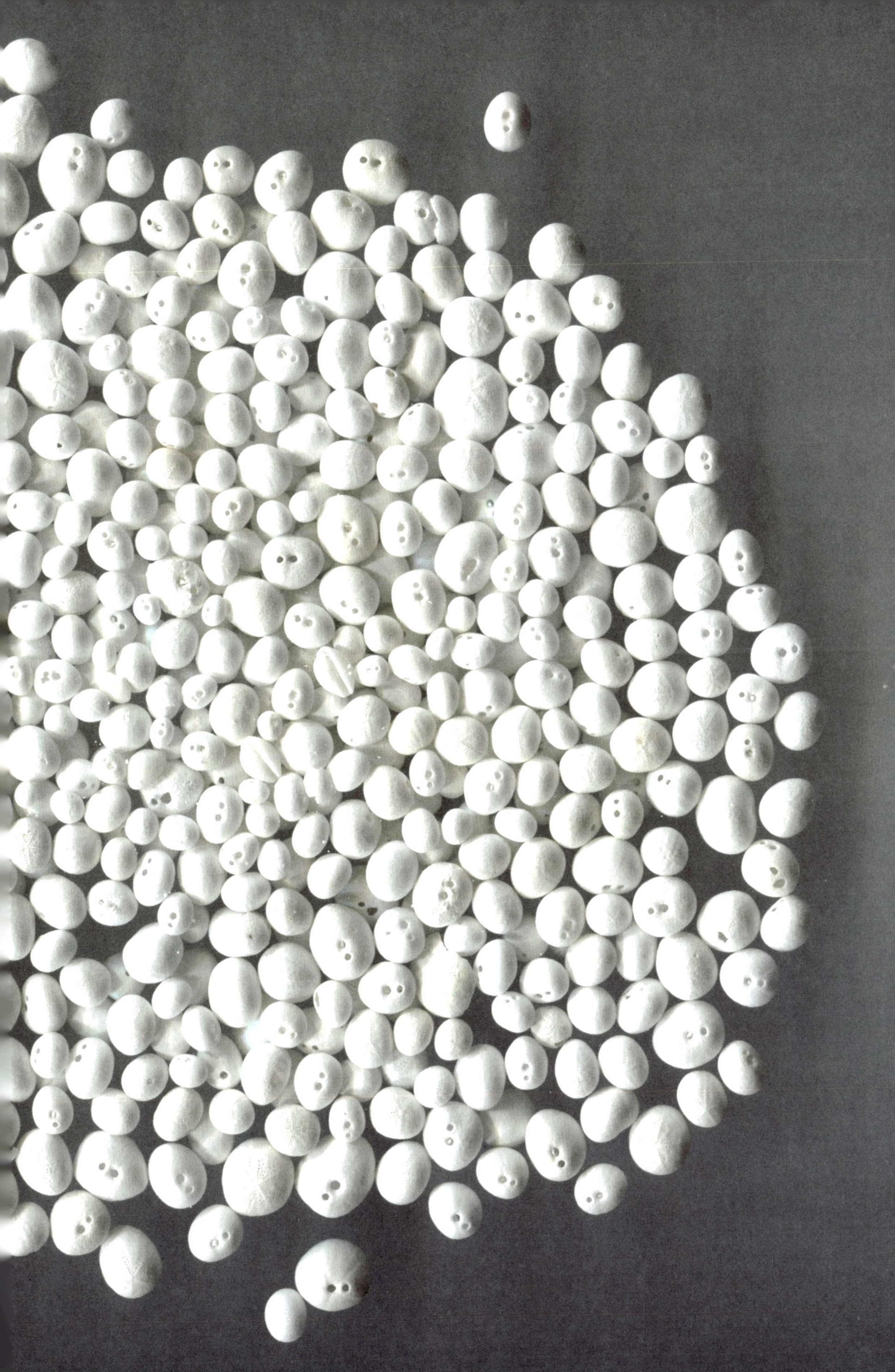

index

credits

beaks — a book by Julian Farade
published by KERMESSE and Galerie Derouillon
printed in Belgium by die Keure
on Emotion Touch and Colorplan Harvest
2024 — first edition of 350 copies

ISBN 978-2-9586050-2-5